어제 일도 기억나지 않는 사람들을 위한

기억력 수업

케빈 호슬리 지음
김지원 옮김

현암사

기억력 수업

초판 1쇄 발행 2017년 10월 30일
초판 2쇄 발행 2020년 12월 30일

지은이 | 케빈 호슬리
옮긴이 | 김지원
펴낸이 | 조미현

편집주간 | 김현림
책임편집 | 고혁
디자인 | 김희정
일러스트 | 임필영

펴낸곳 | (주)현암사
등록 | 1951년 12월 24일·제10-126호
주소 | 04029 서울시 마포구 동교로12안길 35
전화 | 02-365-5051
팩스 | 02-313-2729
전자우편 | editor@hyeonamsa.com
홈페이지 | www.hyeonamsa.com

ISBN 978-89-323-1877-6 03320

이 도서의 국립중앙도서관 출판예정도서목록(CIP)은
서지정보유통지원시스템 홈페이지(http://seoji.nl.go.kr)와
국가자료공동목록시스템(http://www.nl.go.kr/kolisnet)에서
이용하실 수 있습니다. (CIP제어번호 CIP2017027105)

책값은 뒤표지에 있습니다. 잘못된 책은 바꾸어 드립니다.

이 책을 엘로이즈 쿠퍼에게 바친다.

당신이 이 책에 기여한 바를 알리고,
내 삶에 큰 힘이 되었던 당신의 격려와 응원에
감사를 표하고 싶다.

차례

3부 지속적인 사용

"기억은
당신이 사랑하는 것들,
당신 그 자체,
당신이 잃고 싶지 않은 것들을
불잡는 방법이다."

— 미국 드라마 〈케빈은 열두 살〉 중에서

이 책을 통해 케빈 호슬리는 인생을 영원히 바꿔줄 원리를 제공한다. 내가 이렇게 확고하게 말하는 이유는 나도 이 방법들을 사용하여 공부해봤기 때문이다. 삶과 일상생활에서 이 원리들로 바꿀 수 있는 부분이 굉장히 많기 때문에, 내가 이 근사한 책에 조금이라도 기여할 수 있다는 사실이 굉장히 자랑스럽다.

의사 공부를 하는 동안에 나는 이 방법을 몰랐고, 내 성적은 그저 보통이었다. 나는 이런저런 다양한 정보들을 이해하려고 애쓰며 힘겨운 시간을 보냈다. 문제는 내가 그 공부를 해냈는지 못 해냈는지가 아니라 학위를 딸 때까지 얼마나 더 효율적으로 공부할 수 있었는지이다. 케빈의 방법을 처음 접한 것은 전문의 공부를 하던 때였다. 그것은 내가 공부하는 방식과 정보를 다루는 방법을 완전히 바꾸어놓았다. 거기에 성적으로 전부 'A'를 받는 보너스까지 얻을 수 있었다. 이 부분에 관해서는 진심으로 이 책의 저자에게 감사한다. 나는 어느 날 갑자기 '영리한 사람'으로 변신한 것이 아니다. 기억력에 대한 생각을 바꾸었을 뿐이다. 새롭게 알게 된 이 구조와 목적의식 덕택에 나는 상상조차 하지 못했던 내 안의 잠재력을 찾아낼 수 있었다.

이 원리들이 내 학업에 미친 영향을 깨닫고, 나는 그것을 내 삶 전체에 적용하기 시작했다. 정말 굉장한 여정이었다! 이 경험은 단순히 정보를 다루는 방법을 배우는 것을 넘어서 내 자신감을 크게 상승시켜주었으며, 그 영향력이 내 삶의 특정 영역에만 한정되지도 않았다.

나는 운 좋게 케빈을 개인적으로 알게 되었고, 이 책에 실린 정보들이 그의 삶에 미친 영향을 직접 보며 굉장한 자극을 받았다!

수년간의 연구와 경험, 성공 끝에 케빈은 인생을 바꾸는 이 방법들을 이해하기 쉽고 실용적인 방식으로 우리에게 알려주기로 했다. 이 방법을 자신의 것으로 만들면, 기억력을 증진시킬 수 있을 뿐만 아니라 삶 자체를 바꿀 무한한 잠재력을 해방시킬 수 있을 것이다.

의학박사 마리우스 A. 벨허무트

1장
들어가며

"삶에서 위대한 돌파구는,
자신의 목표를 이루기 위해 필요한 것이라면
무엇이라도 배울 수 있음을 깨닫는 순간 열린다.
이것은 당신이 될 수 있는 것, 가질 수 있는 것,
할 수 있는 것에 한계가 없다는 뜻이다."

— 브라이언 트레이시(Brian Tracy)

정보를 쉽게, 빠르게, 효율적으로 기억하고 배울 수 있다면, 당신의 삶은 어떻게 달라질까? 한번 생각해보라.

이 짧고 읽기 쉬운 책에서 나는 당신의 학습과 삶을 통제하는 데 도움이 되는 강력한 기억력 증진 방법과 기술을 알려주려고 한다. 당신은 가속 학습법(Accelerated Learning) 및 기억력 개발 분야에서 세계 최고의 지성들을 모델로 삼은 고금의 놀라운 방법들을 여러 가지 배우게 될 것이다. 이 책은 학교에서는 가르쳐주지 않는 많은 정보를 제공할 것이다. 이 접근법은 당신 자신의 뇌를 움직이는 것으로, 나는 이것을 기억력의 토대로 삼아야 한다고 믿는다.

기억력 없이 태어났다고 상상해보라. 당신은 어떤 사람이 될까? 아무도 될 수 없다. 기억이 없다면 아무것도 없는 셈이다. 내가 "당신은 누구신가요?" 하고 물으면, 당신은 이 질문에 대답하기 위해 즉시 머릿속 기억을 뒤지기 시작할 것이다. 기억은 당신의 삶을 한데 붙여주는 접착제이다. 현재의 나라는 존재 전체가 당신의 놀라운 기억 덕택에 있는 것이다. 당신은 데이터를 모으는 존재이고, 기억은 당신의 삶이 존재하는 곳이다. 기억력이 없으면 배울 수도, 생각할 수도, 지성을 가질 수도 없고, 무언가를 창조하거나 심지어 신발 끈조차 맬 수 없다. 어떤 분야에서 경험을 쌓을 수도 없을 것이다. 경험이란 그저 기억의 집합체니까!

정보를 기억할 수 있어야만 그것을 보존할 수 있다.

오랫동안 기억력은 악명을 떨쳐왔다. 기억력을 기계적 암기나 머릿속에 정보를 억지로 밀어 넣는 것으로 여긴 탓이다. 교육자들은 이해가 학습의 핵심이라고 말하지만, 기억하지 못한다면 어떻게 이해할 수 있겠는가? 우리 모두 배우고 이해한 정보를 정작 필요할 때 떠올리지 못한 적이 있을 것이다. 예를 들어, 당신은 얼마나 많은 농담을 알고 있는가? 아마 수천 가지쯤 들어봤을 것이다. 하지만 지금 당장 떠오르는 건 4~5개쯤 될까? 농담 4개를 기억하는 것과 수천 개를 듣거나 이해하는 것은 전혀 다르다. 이해한다고 해서 활용할 수 있는 것은 아니다. 당신이 이해한 것을 즉시 기억할 수 있고, 기억한 것을 활용하는 연습을 해야만 통달하게 되는 것이다. 기억이란 배운 것을 저장한다는 의미이다. 안 그럴 거라면 애초에 뭐 하러 배우겠는가?

어떤 사람들은 구글 시대이니 기억력이 좋아야 할 필요가 없다고도 한다. 켄 제닝스(Ken Jennings)는 이렇게 말했다. "결정을 내릴 때에는 지식이 필요하다. 이 지식이 머릿속에 있다면 바로 사용할 수 있지만, 구글에서 전부 다 찾아봐야 한다면 급할 때 올바른 결정을 내리지 못할 수도 있다."

여기서 의문이 생긴다. 구글에서 정보를 찾는 능력을 보고 사람을 고용해본 적이 있는가? 혹은 그럴 생각이 있는가? 그럴 리는 없을 것이다. 정보와 경험을 당장 활용할 수 있는 사람을 고용하고 싶을 것이다. 당신이 원하는 것은 자신감 있는 사람, 자신이 무엇을 아는지 잘 아는 사람이리라. 머릿속에 정보를 저장하지 않으면, 돈도 많이 들고 창피한 실수를 저지르거나 형편없는 판단을 내릴 수도 있다. 일할 때 계속해서 사전이나 참고 자료를 찾아야 한다면 시간 낭비일 뿐 아니라 프로다워 보이지도 않을 것이다. 당신 이름을 자꾸 잊어버리는 사람에게 물건을 사겠는가, 기억하는 사람에게 사겠는가? 의사가 계속해서 의학서나 아이패드를 찾아본다면 그 사람에게 수술을 맡길 수 있겠는가? 절대 그럴 수 없을 것이다!

기억은 우리 존재의 초석이다.
기억은 우리가 내리는 판단의 질을 좌우하고,
이를 통해 삶 전체를 좌우한다!

학습과 기억은 인간의 정신에서 가장 마법 같은 두 가지 특성이다. 학습은 새로운 정보를 얻는 능력이고, 기억력은 새로운 정보가 시간이 지나도 머릿속에 남아 있게 해 준다. 기억은 모든 학습의 기반이다. 기억이 제대로 자리를 잡지 못한다면, 당신이 하는 일은 다시는 꺼낼 수 없는 깊은 구멍 속으로 정보를 던져 넣는 짓일 뿐이다. 문제는 많은 사람이 자신들이 아는 것을 다시 떠올리지 못하고, 계속해서 배우고 잊고, 배우고 잊고, 배우고 잊기를 반복한다는 것이다.

기억력을 증진시키면 모든 것이 좋아진다. 정보를 더 빨리, 더 쉽게 끄집어낼 수 있고, 정보를 서로 연결하고 연상할 수 있는 가능성도 훨씬 커진다. 머릿속에 더 많은 사실과 기억을 저장하고 있으면 자신만의 조합과 연결 역시 더 많이 만들 수 있다. 기억력이 증진되면 기본적인 지능 또한 높아진다. 지능이란 당신이 상기할 수 있는 모든 사건과 사람, 사실을 바탕으로 하기 때문이다. 더 많이 기억할수록 더 많은 일을 하고 더 많은 것을 만들어낼 수 있다. 사실을 담은 지식이 항상 기술을 앞서기 때문이다. 정보만이 더 많은 정보를 만들 수 있으므로, 더 많은 것을 알수록 그 이상의 것을 아는 것이 더 쉬워진다.

자, 기억력에 관해서 당신에게는 두 가지 선택지가 있다. 첫 번째 선택지는 기억력은 나아질 수 없다는 것이다. 타고난 능력을 바꿀 수 있는 방법은 전혀 없다. 많은 사람이 살면서 이쪽을 선택한다. 수천 시간 동안 학교 교육을 받았지만 단 한 시간도 그 놀라운 기억력을 어떻게 발전시킬지에 대해서는 배운 적이 없기 때문이다. 학교는 당신의 근사한 뇌에 관해 아무것도 알려주지 않았다.

내가 여덟 살 때 학교 심리상담사 선생님이 내 뇌에 대해서 조언을 해주셨다. 그분은 나에게 뇌에 이상이 있을지도 모른다며 특수학급으로 가라고 하셨다. 나는 전형적인 난독증이 있었다. 타고난 기억력이 좋지도 않았고, 집중력도 떨어졌다. 읽고 쓰는 것이 나한테는 언제나 어려운 일이었다. 학창 시절 내내 나는 어머니와 친구들에게 교과 내용을 읽어달라고 해서 공부했다. 억지로 그것들을 외워야만 했고, 외우지 못한 대부분의 것은 그냥 잊어버렸다. 배우는 것들을 완전히 이해하지 못했으니 나에게 미래는 없었다. 학교를 다닌 12년 동안 나 혼자서는 책 한 권도 끝까지 읽지 못했고, 마지막 해에도 1학년을 시작할 때에 비해 읽기 실력이 나아지지 않았다. 간단하게 말해서 나는 1989년에 고등학교를 간신히 졸업했다.

2년 후 동네 서점에 들어갔다가 내 인생은 완전히 달라졌다. 그때까지도 혼자서는 책 한 권도 읽지 못했지만, 그날 밤 나는 세 권의 책을 샀다. 전부 다 토니 부잔 (Tony Buzan)의 책이었다. 첫 번째는 『마인드맵 두뇌사용법 (Use Your Head)』이었고, 두 번째는 『마인드맵 암기법(Use Your Memory)』, 세 번째는 『빠르게 읽고 정확히 이해하기(Speed Reading Book)』였다. 당시 나는 『빠르게 읽고 정확히 이해하기』부터 시작하면 나머지 두 책을 빨리 읽을 수 있을 거라고 생각했다. 하지만 그런 식으로 흘러가지 않았다. 나는 『마인드맵 암기법』부터 읽기 시작했고, 곧 우리 모두에게 두 번째 선택지가 있다는 것을 알게 되었다. 그것은 바로 우리의 기억력은 그저 습관이며, 습관은 적절한 훈련과 연습으로 개선할 수 있다는 것이었다. 기억력 증진을 위한 기본 원칙이 있고, 이것을 계속해서 활용하면 위대한 기억력 달인들처럼 될 수 있다는 사실도 알게 되었다. 하지만 이런 것을 활용하지 않으면 아무 소용도 없다.

　　나는 심리학 및 뇌와 정신, 기억력 분야에 관해 입수할 수 있는 책은 모조리 구해 공부하기 시작했다. 수백 권의 책과 테이프를 보았고, 뛰어난 기억력을 가진 사람들 또한 만나보았다. 이 기나긴 여정을 통해서 나는 난독증을 완전히 극복할 수 있었고 일주일에 평균 네 권의 책을 읽고 기억하는 수준까지 이르렀다. 보통 사람들이 몇 개월 걸려서 익히는 것들을 한 시간 안에 배울 수 있게 되었다.

　　1995년 나는 세계 기억력 대회에 나가기로 했다. 전 세계에서 가장 기억력이 뛰어난 사람들이 모이는 대회로, 기억력의 모든 분야를 시험한다. 그해에 나는 전체 5등을 차지했고, 문자 분야에서는 2위에 올랐다. 그것은 내가 난독증 문제를 완전히 극복했다는 증거였다. 또한 나는 두뇌 위원회(Brain Trust)에서 '국제 기억력 그랜드마스터' 타이틀을 획득했다. 이는 1995년 10월 26일, 영국 허트포드셔 웨어에 있는 핸버리 매너에서 리히텐슈타인의 필립 공이 공동으로 승인한 타이틀이다. 과거 내가 겪었던 어려움과 소싯적 모습을 생각하면 엄청난 성취가 아닐 수 없다. 그날부터 나는 내 삶이 완전히 바뀌었음을 알게 되었다.

　　1999년에 나는 '기억력 테스트의 에베레스트'라고 불리는 세계 기록을 깨면서 스스로의 한계를 경신하고 내 능력을 더욱 심도 깊게 시험했다. 나는 무작위적인 숫자로 이루어져 있고 끝이 없는 것으로 알려진 파이의 처음 1만 자리를 외웠다. 파이의 처음 1만 자리는 다섯 자리의 숫자 그룹 2천 개로 나눌 수 있다. 시험관들이 이 다섯 자리 숫자 배열 중 아무것이나 부르면 나는 선택된 숫자의 앞이나 뒤에 있는 다섯 자리 숫자를 대답하는 식인데, 이것을 50회

반복한다. 이 테스트를 다 마치는 데 걸린 시간이 기록된다. 나는 이전 기록을 14분 앞당겼다. 왜 이런 걸 했느냐고? 가장 큰 이유는 사람들이 불가능하다고 말했기 때문이다. 내 인생 자체가, 한계를 넘어 기억력이 어떤 일을 할 수 있는지를 사람들에게 보여준다 해도 과언이 아니다.

그 이래로 나는 사람들이 자신의 삶에 필요한 핵심 정보를 기억할 수 있도록 가르치고 지도해왔으며, 배우는 즐거움을 우리 모두 누릴 수 있다는 사실을 알려왔다. 많은 사람이 나에게 포토그래픽 메모리(Photographic Memory: 사진으로 찍은 것처럼 완벽하게 기억하는 능력 — 옮긴이 주)를 가졌다고 하는데, 그렇지 않다. 나는 그저 기억력에 관한 많은 '비밀'을 알고 있고, 그것을 활용하고 내 것으로 만드는 법을 알 뿐이다.

나는 당신의 감탄을 끌어내고자 이런 이야기를 하는 것이 아니다. 그저 모든 사람에게 기억력의 달인이 될 가능성이 있음을 알려주고 싶을 뿐이다. 당신의 출발이 어떠했는지는 중요하지 않다. 중요한 것은 어디로 가느냐이다. 하지만 항상 하던 대로만 하면 늘 얻던 만큼밖에는 얻을 수 없다. 새로운 것을 '얻고' 싶으면 새로운 것을 '해야' 한다. 그러니까 미리 경고하겠다. **기억력의 달인이 되려면 생각하는 방식을 바꾸어야 한다.**

이 책에서 완벽한 것을 판별하거나 찾으려고 하지 마라. 그보다는 가치를 찾아라. 정보를 재고 따지려 들면 아무것도 배울 수 없다. 방법을 재단하거나 비판하고 다른 방법을 찾으려고 할 수는 있지만, 확실한 것은 이러한 방법들을 써보지 않고서는 기억력 달인들과 같은 결과를 얻을 수 없다는 것이다. 그러니 열린 마음으로 이 책을 읽기를 바란다. 당신이 이 책에서 배우는 모든 것이 놀랄 만큼 훌륭한 효과를 발휘할 거라고 나는 확신한다. 내가 당신에게 알려주려는 방법은 기억력의 달인들이 사용하는 것과 똑같은 방법이다. 이것이 바로 전략이다!

이 책은 기억력을 증진시키는 4개의 핵심 요소(4C)를 설명하는 세 파트로 나누어진다. 첫 번째 파트에서는 당신의 집중력(Concentration)을 증진시키는 방법을 이야기한다. 두 번째 파트에서는 이미지를 창조하고(Create) 개념을 연결하는(Connect) 능력을 증진시키는 법을 알아보고, 마지막으로는 지속적인 사용 습관(Continuous Use)을 만드는 방법을 이야기할 것이다. 이 4개의 C는 당신이 앞으로 계속 마주하게 될 모든 기억력 문제의 해결책이다. 내가 이 책에서 사용한 예들은 자기 계발 및 경제경영 도서들에서 뽑은 것으로, 기억력을 증진시키는 법뿐 아니라 자기 계발에 유용한 핵심 개념들까지 배우게 될 것이다.

나는 당신에게 평범한 정보를 사실적이고 조직적인 것으로 바꾸는 법을 알려줄 것이다. 그렇게 하면 정보가 의미를 갖게 되고, 그냥 버려지는 대신 활용 가능해진다. 내가 말하고자 하는 바는 기계적인 암기가 아닌 다른 방식으로 정보를 저장해서 훨씬 더 나은 결과를 얻는 방법이다. 우리의 목표는 학습력과 이해력을 높이는 데 있다.

핵심에 도달하기 전에 중언부언 말만 쏟아놓는 책들이 세상에는 많이 있다. 이 책은 다르다. 나는 곧장 핵심부터 이야기해서 당신의 시간과 에너지를 아껴줄 작정이다. 진작 누군가 내게 이렇게 가르쳐줬더라면 하는 방식으로 기억력 증진이라는 멋진 세계를 당신에게 보여주는 것이 나의 목표이다. 이 책을 그냥 읽지 마라. 개념을 되뇌고 이를 당신의 사고와 삶의 일부로 만들어라. 준비가 되면 첫 번째 수업을 향해 책장을 넘기고 당신의 기억력을 향상시켜보자.

1부
집중하기

"집중력이라는 주제에 관해
내가 들은 가장 훌륭한 조언은 바로 이것이다.
어디가 되었든 바로 그 자리에 있어라."

— 짐 론(Jim Rohn)

2장
핑계부터 버려라

"칠면조들과 함께 몸을 긁어대고 있으면
독수리와 함께 하늘을 날 수 없다."

— 지그 지글러(Zig Ziglar)

시작하기 전에 묻고 싶은 것이 있다. 이 책을 다 읽지 못한다면 당신은 어떤 핑계를 대겠는가?

책을 다 읽기로 했다면, 여기서 배울 정보를 활용하지 않았을 때 어떤 핑계를 댈 것인가? 여기서 무엇을 배울지 아직 모른다는 것은 알지만, 당신은 이미 핑곗거리를 준비해뒀을 것이다. 안 그런가? 당신이 댈 핑계를 잘 생각해보고 그것을 종이에 적어라.

이것은 당신이 새로운 것을 배우기를 포기할 때마다 써먹은 것과 똑같은 핑계이다. 성공하거나 핑계를 늘어놓거나, 항상 둘 중 하나다. 둘 다는 없다. 빠르게 배우는 사람들은 중요한 정보와 기술에만 집중한다. 그들은 핑계를 바이러스 같은 것이라고 여긴다.

삶에서 원하는 것을 얻는 걸 가로막는 유일한 장애물은 당신 스스로가 계속해서 떠드는 핑계이다. 핑계를 대지 않으면 당신은 어떤 사람이 될까? 한번 생각해보라.

당신이 주장하는 모든 핑계가 스스로를 약하게 만든다. 핑계는 당신이 집중하고 몰두하지 못하게 만든다. 새로운 것을 배우지 않고 핑계를 늘어놓는 것은 스스로가 자신의 집중력과 에너지를 가로막는 것이다. **당신이 집중하는 곳으로 에너지가 흘러간다는 것을 항상 명심하라.**

힘을 쏟지 않는 데 대해서 흔히 둘러대는 핑계 몇 가지는 다음과 같다.

1. 나는 무력해

나는 그만큼 똑똑하지 않아.

그건 내 천성이랑 안 맞아.

그 정보를 실행할 만한 시간적 여유가 없어. (시간은 항상 있다. 당신이 조절하기만 하면 된다.)

나는 타고나길 기억력이 나빠. (그걸 당신이 어떻게 아는데?)

난 나이가 많아서 기억력이 좋아지지 않을 거야.

늙은 개한테는 새로운 기술을 가르칠 수 없는 법이야! (그렇다면 당신이 개가 아니라서 정말 다행이다!)

2. 다른 사람을 비난한다

엄마 아빠는 항상 내가 멍청하다고 하셨어.

이 기술을 개발하려면 도움이 필요해.

책이 별로야. 세미나를 들어야 도움이 될 것 같아.

누군가 또는 무언가를 비난하면서 부정적인 감정을 가지지 않기란 불가능하다. 마음을 자유롭게 해방시켜라. 당신의 삶과 경험에 관해서는 언제나 두 가지 선택지가 있다. 첫 번째는 거기에서 교훈을 얻는 것이고, 두 번째는 그것을 비난하는 것이다. 선택은 늘 당신의 몫이다.

3. 스트레스가 너무 많아

배울 게 너무 많아.
내 사고방식을 바꾸어야 해.
책에선 나에게 너무 많은 걸 하라고 해.
어려울 것 같아.

우리는 갖은 핑계를 대며 평범한 삶에 안주한다. 왜 이것은 안 되고 저것은 못하는지 이유를 말하고, 핑계를 들먹이며 책임을 회피한다. 핑계에 휘둘리는 것을 당장 그만두라.

당신이 댄 핑계는 사실인가? 100퍼센트 진짜라고 확신하는가? 당신의 핑계 중 단 하나라도 삶을 향상시키고 개선시킨 것이 있는가? 당신은 그런 핑계 이상의 존재이다.

그렇지 않은가?

당장 그만둬라!

리처드 바크(Richard Bach)는 이렇게 말했다. "한계를 들먹일 수는 있지만, 당연하게도 그것은 당신 자신이 만든 것이다." 이 책에 있는 정보를 실행하지 않는 유일한 원인은 바로 당신이다. 당신 말고는 없다. 학습에 대한 책임은 당신에게 있다. 자신에게 일어나는 일에 가장 많은 영향을 미치는 사람도 바로 당신이다! **자신의 한계를 믿으면, 삶도 한계에 봉착한다.**

기억력과 집중력을 높이기 위해서는 더 해야 하는 일도 있지만, 덜 해야 하는 일도 있다. 핑계와 비판, 불평을 그만두면 놀라운 속도로 새로운 기술을 배우게 될 것이다. 계속해서 접근법을 바꾸고 이 정보를 배우려는 열의를 더해 간다면 당신도 달인이 될 것이다.

~~~~~~

1. 계속해서 핑계에 집착한다면,
   지금부터 5년 후 당신의 삶은 어떻게 될까?

2. 핑계를 대지 않으면 당신은 어떤 사람이 될까?
   새로운 사고방식을 통해 배우게 될 모든 것을 고려해보라.

3. 그것은 그저 핑계일 뿐임을 기억하라.
   사실이 아니다. 당장 바꿔라.

4. 당신의 잠재력을 시험해보지 않으려고 핑계를 대는 것과
   당신이 될 수 있는 최고의 모습이 되는 것,
   둘 중 무엇이 당신에게 더 중요한가?

5. 기억력을 강화하는 법을 배우는 것이 당신에게
   왜 중요한가? 그것을 생각해보고 생각할 수 있는 모든
   이유를 전부 적어라. 대런 하디(Darren Hardy)의 말처럼
   우리에게 필요한 것은 의지력이 아니라 이유이다.

3장
믿는 대로 이루어진다

"정신이 한계를 결정한다.
머릿속으로 뭔가 할 수 있다는 사실을
그릴 수만 있다면, 당신은 그것을 할 수 있다.
당신이 그걸 100% 믿기만 한다면 말이다."

— 아널드 슈워제네거(Arnold Schwarzenegger)

연못에 사는 물고기 한 마리가 있었다. 어느 날 이 물고기는 바다에 산 적이 있는 다른 물고기를 만나게 되었다. 연못 물고기가 물었다. "바다가 뭔가요?" 바닷물고기가 대답했다. "네가 사는 연못보다 수백만 배, 수천만 배쯤 더 큰 엄청난 양의 물이지." 연못 물고기는 바닷물고기에게 거짓말쟁이라고 말했다.

이 이야기에서 무엇을 배울 수 있을까?

집중력과 기억력이 무엇을 할 수 있는지에 대한 믿음이 스스로에 대한 한계를 결정지을 수 있다. 많은 사람은 자신이 할 수 있는 것을 한정해놓기 때문에 진정한 자신의 가능성을 경험하지 못한다. 집중력, 기억력, 잠재력에 대한 당신의 부정적인 믿음이 전혀 사실이 아니라면 어떨까? 그러한 믿음이 없다면 당신은 어떤 모습일까?

리처드 밴들러(Richard Bandler)는 이렇게 말했다. "믿음은 사실과 관계가 없다. 믿음은 그저 믿는 것이다. 그것이 우리 행동의 가이드가 된다." 우리는 항상 자신이 믿는 것을 옹호한다. 자신의 기억력이 나쁘다고 믿는다면 언제나 그 믿음에 따라서 행동하고 생각할 것이다. 당신의 집중력이 향하는 곳으로 에너지도 향한다.

당신의 기억력과 집중력을 향상시키고 싶다면 그것을 뒷받침하는 믿음을 우선 가져야 한다.

지구 1과 **지구 2**가 있다고 생각해보자. 두 행성은 모든 면에서 똑같고 다른 차원에 존재한다.

지구 1에는 A가 살고, **지구 2**에는 B가 산다.

두 사람은 똑같이 생겼고, 똑같은 방식으로 말하고, 똑같은 환경에서 살며, 똑같은 교육을 받았고, 심지어는 똑같은 두뇌와 신경계를 가졌다. 모든 것이 똑같다. 하지만 딱 하나, 두 사람을 갈라놓는 것이 있다.

A는 자신의 기억력이 형편없다고 믿는다. 그는 항상 사람들에게 이렇게 말한다.

"내 주의력은 사방팔방으로 날아다녀. 머릿속에서 캥거루가 뛰어다니는 것 같다니까."

"난 항상 뭔가를 잊어버려."

"난 이름을 잘 기억 못 해."

"내 기억력은 매일매일 더 나빠지고 있어."

"내 기억은 꽉 찼어."

"내 기억력은 체 같아."

"난 멍청해."

"네 뇌도 가득 찰 거야. 그러니까 너무 많이 뭘 배우지 마!"

그는 배우는 것을 싫어한다. 뭘 외우는 데에도 관심이 없다. 어차피 잊어버릴 거라고 생각하기 때문이다.

B는 자신의 기억력이 훌륭하다고 믿는다. 실제로 굉장히 뛰어난 기억력을 가졌다고 생각한다. 그는 항상 이렇게 말한다.

"난 주의를 집중하려고 노력해. 마치 레이저빔처럼 말이야."

"기억력 증진은 중요해."

"내가 얼마나 많은 걸 기억하는지 좀 봐. 머릿속에 수천 조의 기억을 갖고 있다니까."

"내 기억력은 매일매일 더 좋아져."

"난 이름을 외우는 데 관심이 있어."

"난 정말 똑똑해."

"난 엄청난 양의 정보를 저장하고 불러낼 수 있는 기억력을 갖고 있어. 기억은 더 많은 걸 집어넣을수록 더 많이 저장할 수 있는 유일한 저장소야."

그는 배우는 것을 좋아한다. 정보를 기억하고 정신을 훈련시키고 싶어 한다.

자, 누가 더 좋은 기억력을 갖고 있을 거라고 생각하나? 당연히 B다.

A와 B의 유일한 차이는 그들의 믿음뿐이다. 누구의 믿음이 옳다고 생각하는가?

답은 두 사람 다 옳다는 것이다. 상황을 좋게 혹은 나쁘게 만드는 것은 오로지 우리의 사고방식이다. A와 B 모두 믿음을 갖고 있고, 두 사람 다 그것을 뒷받침하는 경험이나 생각을 가졌다. 유일한 차이는 A는 부정적이고 무능력해지는 쪽에 초점을 맞추고 있다는 것이다. 그는 스스로 실패하는 길을 택했다.

B는 긍정적이고 유능해지는 쪽에 초점을 맞추고 있다. 그는 스스로 성공하는 길을 택했다. A와 B 모두 어떤 것을 믿을지 스스로 선택했다. 그들의 결말을 결정한 것은 외부의 영향력이 아니다. 우리 모두 어디에 초점을 맞출지 자유롭게 선택할 수 있고, 결국은 그러한 선택이 우리가 가진 믿음을 결정한다.

믿음은 확신을 갖는 것이고,
사람은 믿는 대로 된다.

부정적인 믿음과 생각은 집중력과 기억력의 발전을 가로막는다. 계속해서 자신에게 주입하는 이런 생각을 당신이 책임지고 바꾸려고 하지 않는 한, 자신의 한계를 넘어설 수 없을 것이다. 당신이 하는 그 어떤 생각도 창의적이지 않은 것이 없으며, 우리는 뭔가를 만들어내고 망가뜨리는 힘을 가지고 있다.

대부분의 사람은 스스로를 의심하는 투의 말이 자신의 한계를 정한다는 사실을 깨닫지 못한다. 이런 한계가 기대치가 되고, 결국에는 자성예언이 된다.

다음 페이지에는 부정적인 믿음의 틀로 인해 어떤 일이 생기는지 그 예가 실려 있다.

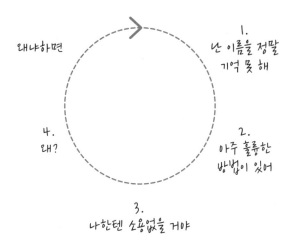

왜냐하면

1.
난 이름을 정말
기억 못 해

4.
왜?

2.
아주 훌륭한
방법이 있어

3.
나한텐 소용없을 거야

스스로를 제한하는 믿음은 당신을 이런 순환 고리에 가둔다. 정신이 계속해서 같은 자리를 빙빙 돌며 새로운 것을 배우지 못하게 만든다. 믿음은 당신을 움직이게 하기도 하고, 멈추게 하기도 한다. 간단히 말해 모든 생각과 말이 당신을 밀어주거나 가로막고, 당신이 사실이라고 여기는 모든 생각이 그 믿음을 더욱 강화시킨다. 믿음을 바꾸면 정신의 구조가 바뀌고, 그렇게 되면 당신의 삶도 바뀐다. 즉, 우리는 배운 대로 믿어왔고, 그 근원에 의문을 제기하고 싶지 않아서 믿음에도 의문을 제기하지 않는다. 하지만 스스로에게 이렇게 물어보자. "내 정신과 집중력, 기억력에 대한 믿음을 바꾼다고 해서 내가 누구를 의심하는 걸까? 왜 나는 이 믿음이 옳다고 생각하지?"

사람들은 자신의 믿음이 완벽하게 옳다고 생각하는 경향이 있지만, 이러한 믿음은 오로지 자기 자신에게만 옳을 뿐이다. 당신이 뭔가를 하지 못한다고 해서 그것이 불가능하다는 뜻은 아니다. 스스로를 한정하는 믿음을 파악한 다음에 이렇게 물어보자. "이것이 완전히 잘못된 믿음이라면?" 그리고 그 믿음이 가진 한계가 눈앞에 있던 대안을 보지 못하게 당신을 항상 가로막아왔음을 떠올리자.

믿음을 바꾸기로 결심했다면, 이렇게 해보자.

무언가를 바꾸고자 한다면 우선은 성패의 80%가 **왜** 그것을 바꾸고 싶은지를 알아내느냐에 달려 있다. 20%만이 **어떻게** 바꾸는지에 관한 것이다. 책임감을 가져라. 이것은 믿음을 바꾸려는 이유를 찾고 결정을 내리는 것만큼 간단한 일이다.

두 번째로는 그간 믿어왔던 것에 의문을 제기하라. 당신이 이전까지 진심으로 믿었지만 이제는 믿지 않는 것들이 있을 것이다. 왜일까? 거기에 의문을 갖게 되었기 때문이다. 만약 오래전에 어떤 선생님이 당신에게 네 기억력은 체로 거르는 수준이라고 말했다 해도, 그 말이 옳거나 그대로 실현되었다는 뜻은 아니다. 그때 당신은 아직 어렸고, 경험도 별로 없었으며, 권위에 의문을 제기할 만한 힘도 없었다. 하지만 이제 나이를 먹어서 선생님이 어린 당신에게 내렸던 판단에 의문을 제기할 수 있게 되었다. 스스로에게 이렇게 물어보라. "이 말을 계속 믿으면 나에게 얼마나 해가 될까? 이 믿음을 얼마나 유지해야 할까? 이것이 과연 옳은 믿음일까? 이게 사실이라고 100퍼센트 확신할 수 있나?"

세 번째로는 새로운 믿음을 만들고 이를 뒷받침해줄 경험과 연구, 사상을 떠올려라. 믿음을 바꾸려면 당신의 잠재력을 더 많이 경험하고 새로운 가능성을 창조할 수 있어야 한다.

네 번째로 새로운 믿음을 더 자주 이용하고 이를 당신 정체성의 일부로 만들어야 한다.

자신에 관해서 사실로 받아들여야 하는
유일한 내용은 당신의 믿음뿐이다.
믿음의 내용을 바꿔라.

스펜서 로드(Spenser Lord)는 이렇게 말했다. "믿음은 문신이 아니라 그냥 옷 같은 것이다. 자기 의지로 걸쳤다가 벗을 수 있다." 자, 그러면 **지금 당장 '걸칠' 수 있는 5가지 핵심 믿음**을 알려주겠다.

1. 나는 뛰어난 집중력과 기억력을 타고났다

이미 당신은 필요로 하는 것들을 갖추고 있다. 맥스웰 몰츠(Maxwell Maltz)는 이렇게 말했다. "타고난 재능이나 능력이 없다고 해서 성공할 수 없다는 생각은 1초도 하지 마라. 그것은 가장 큰 거짓말이고, 가장 서글픈 변명이다." 당신에게는 그 무엇도 더 필요하지 않다. 뛰어난 집중력이나 훌륭한 기억력을 갖기 위해서 특별한 재능이나 약이 필요하지도 않다. 당신에게 필요한 것은 그저 배우려는 열의와 방법, 자기 훈련뿐이다.

2. 기억력 증진은 중요하다

성공한 사람들은 자신이 하는 일이 중요하고 할 가치가 있다고 믿는다. 이런 믿음이 있는 사람은 단순히 흥미 수준에서 벗어나 그 일에 전념하게 된다. **일주일 동안 기억력 없이 산다고 상상해보라. 당신은 어떤 일도 할 수 없을 것이다.** 당신이 하는 모든 일, 모든 말, 이해하는 모든 것이 기억력 덕택이다. 기억력은 당신의 가장 중요한 정신 활동이고, 기억력을 증진시키면 삶 전체가 향상될 것이다.

3. 나는 뛰어난 능력을 가졌다. 내 기억력은 무한하다

이미 머릿속에 얼마나 많은 데이터를 갖고 있는지 생각해보라(숫자, 이야기, 농담, 경험, 단어, 이름, 장소 등). 대화를 하는 데에 얼마나 엄청난 기억력이 필요한지 생각해보라. 상대의 말을 듣고, 방금 들은 말의 의미를 파악하고, 대답하기 위해서는 기억을 뒤져야 한다. **세상에 존재하는 모든 컴퓨터를 서로 연결한다고 해도 이런 일을 해낼 수는 없을 것이다.** 기억력 증진법을 공부하고 나면 당신이 얼마나 뛰어난 능력을 가졌는지에 대해 이해하게 될 것이다.

4. 실패는 없다. 피드백만이 있을 뿐이다

기억력이 올바르게 활동하는 순간을 알아채라. 이 믿음을 강화하는 최고의 방법 중 하나는 스스로에게 "내 기억력이 어떤 일을 하지? 오늘은 나를 위해서 어떤 일을 했지?"라고 묻는 것이다. 일반적으로 사람들은 기억력이 한 실수에만 유의한다. 그래서 기억력을 더욱 약화시킨다. 강점에 집중하고 피드백이나 결과가 당신이 바라던 대로 안 이루어졌을 때에는 접근법을 바꿔보자.

5. 내가 모든 것을 다 아는 건 아니다

무언가에 대해 모든 걸 다 안다고 생각하는 것은 정말로 좋지 못한 사고방식이다. 그러면 새로운 것을 배울 수 없기 때문이다. 다른 관점에 귀 기울이고 관심을 갖고, 새로운 것이나 변화를 관대하게 받아들여라. 정보를 적극적으로 수용하라. 정보를 받아들일 수 있는 모든 채널을 열어두라.

당신의 정신에 좋은 것만을 공급해야 한다는 걸 유념하라. 당신에게 힘이 되는 믿음을 최대한 많이 받아들여라. 이것을 이용해서 인생을 새로운 방향으로 움직여라.

지금 바로 실천하기

1. 나 자신을 한정하는 믿음을 파악하라.

2. 그 믿음에 의문을 제기하고 스스로에게 물어라.
   "나는 내 집중력과 기억력을 향상시킬 수 없는 걸까,
   아니면 내 집중력과 기억력을 향상시킬 만한
   시간을 내고 싶지 않은 걸까?"

3. 자신의 정신과 잠재력에 관해서 또 어떤 믿음을
   갖고 있는가?

4. 짐 론의 다음 말을 기억하라.
   "상황이 마음에 안 든다면, 바꿔라!
   당신은 꼼짝 못 하는 나무가 아니다."

4장
지금 여기에 있어라

"모든 생각을 당면한 임무에 집중하라.
햇빛은 집중시키기 전에는
아무것도 태우지 못한다."

— 알렉산더 그레이엄 벨(Alexander Graham Bell)

우리 모두는 재능을 가지고 있다. 자신의 생각에 대해 사고할 수 있는 힘이 있다. 생각을 집중해서 삶의 어떤 부분이든 향상시킬 수 있고, 어디에 집중할지를 고를 수 있는 통제력도 있다. 계속해서 산만하게 주의를 분산시킬 수도 있고, 한곳에 집중할 수도 있다.

많은 사람이 강력한 집중력이란 축복받은 몇몇 사람만이 타고나는 마법 같은 상태라고 믿는다. 예를 들어, 커다란 근육질의 이두박근이 타고나는 것이라는 말에 당신은 동의하는가? 물론 아닐 것이다. 우리 모두 그런 근육은 헬스장에서 오랜 시간 훈련해야 만들어지는 것임을 알기 때문이다. 하지만 주의력에 대해서는 타고나는 것이라고 생각한다. 집중력도 인생의 다른 모든 것과 마찬가지로 훈련이 필요하다.

집중력은 지속적으로 실행되는 수많은 작은 선택으로 이루어진다. 뇌 연구에 따르면 우리가 새로운 것을 배울 때마다 뇌는 계속해서 달라진다고 한다. 자신의 주의력에 한계가 있다고 믿는 사람들은 여전히 '너의 뇌는 바뀔 수 없다'는 틀을 고수한다. 우리는 집중력이 향상될 수 있고 향상되어야 한다는 것을 안다. 당신은 여기저기로 날뛰는 원숭이 같은 정신을 통제하고 힘을 되찾기 위해 필요한 모든 것을 이미 다 가지고 있다.

　　보통 사람들의 일상적인 주의력 훈련은 다음과 같다. 사람들은 아침에 대체로 시끄러운 음악이나 요란한 알람시계 소리에 별로 평화롭지 못한 상태로 잠에서 깬다. 그리고 혹시 누가 자신을 그리워하지 않았나 확인하기 위해 휴대전화 문자메시지를 확인한다. 그리고 침대에서 나와 샤워를 하면서 걱정스러운 일이나 해야 할 수백 가지 일을 떠올린다. 불행히도 준비할 시간이 충분치 않아서 건강하지 못한 아침밥 조금에 커피 한 잔 정도밖에는 먹지 못한다. 그리고 차에 타서 라디오를 켜고, 전화를 하거나 심지어는 운전 중에 문자를 보내기도 한다. 그리고 길이 막힌다고 화를 내고 성질을 부린다. 길이 막히는 건 어쩔 수 없는 일인데도 그들은 바뀌어야 한다고 생각한다. 사실 우리는 적당한 때까지 미뤄두어도 되는 '수백만 가지' 일에 관심을 쏟고 걱정하며, 사방팔방으로 주의력을 낭비한다.

　　당신의 집중력이 올림픽 선수라고 상상해보라. 당신의 선수는 경쟁력이 있는가? 주의력과 집중력이 뛰어나지 못한 이유는 훈련을 시키지 않았기 때문이다. 우리는 정신의 채널을 계속해서 여기저기로 바꾸고 한 채널에 오래 머물지 않는다. 그리고 요즘 하는 거의 모든 일을 건성건성 한다. 우리는 열심히 움직인다는 환상 속에 살면서 '바쁘다'는 것이 잘한다는 말과 같다고 생각한다. 바쁘다는 것은 가끔 미룬다는 말과 동의어이다. 바쁘게 살면 기분이 좋아지고 스스로 생산성이 높아졌다고 느낄 수 있겠지만, 하루의 끝에서 돌이켜보면 가치 있는 일은 전혀 해내지 못했음을 깨닫게 된다. 우리는 정신을 계속해서 일부에만 집중하도록, 주의력이 조각나도록 훈련시킨다.

집중력 훈련은 그리 어렵지 않다. 그저 좀 더 평화로워지는 법, 순간에 집중하는 법을 익히면 된다. 지금 여기 있는 법을 배워야 한다. 직장에 있다면, 직장에만 집중하라. 집에 있다면, 집에 집중하라. "조용해지는 법을 배워라. 당신의 조용한 정신이 이야기를 듣고 흡수하게 만들어라." 라고 피타고라스는 말했다.

우리는 머릿속을 온갖 갈등으로 가득 채우고서, 지금 이 순간에 집중하지 못한다. 집에서 누군가와 싸우고서 직장에 나가 하루 종일 집중이 안 되었던 적이 있는가? 갈등은 우리의 정신을 사방으로 끌어당긴다. 머릿속이 갈등으로 가득하면 당신의 정신은 사방으로 흩어지게 될 것이다. **갈등은 집중의 적이다.**

마음이 평화로우면 지금 이 순간을 즐길 수 있게 되고, 정신은 레이저빔처럼 날카로워진다. 평화와 집중력은 같은 것이다.

갈등을 없애고 정신을 더 평화롭게 만들기 위해서는 집중해야 하는 4가지 부분이 있다.

1. 내면의 목소리를 통제하라

머릿속에 당신에게 말을 거는 조그만 목소리가 있는가? 잘 모르겠다면, 아마 지금 스스로에게 이렇게 묻고 있을 것이다. "나한테 조그만 목소리가 있나, 없나?" 우리 모두에게는 조그만 목소리가 있고, 그것은 집중력과 삶에 엄청난 영향을 미친다. 당신은 계속해서 스스로에게 말을 걸고 있다. 다만 문제는 뭔가를 잘못했을 때만 그것을 깨닫는다는 것이다. **뭔가 잘한 순간을 찾기 시작하라.**

오늘은 얼마나 집중을 잘했고 어디에 집중했는가? 당신 삶의 어떤 부분에서 스스로를 '구박하는' 것을 그만둬야 하는가?

내면의 목소리는 지시를 내리는 능력을 갖고 있다. 그러니까 스스로를 잘 이끌어라. 그 목소리는 당신의 세계를 설명하고 이해하는 것을 도와주는 통제력의 핵심이다. 잘못된 목소리에 동의하지 마라. 모든 자기혐오와 갈등은 그저 생각이거나 조그만 목소리일 뿐이다. 그러니까 생각을 바꿔라. 그것은 확정된 것이 아니다. 기억하라. 자신에게 안 좋은 지시를 내리면, 안 좋은 결과가 오게 된다.

2. 멀티태스킹을 멈춰라

우리는 한꺼번에 여러 가지 일을 함으로써 집중력을 망가뜨리고 평화를 저해한다. 멀티태스킹은 단지 신화일 뿐이다!

야생에서 사냥하는 사자는 영양 한 마리에만 집중한다. 절대로 두 마리에 집중하지 않는다. 그렇게 하면 두 마리 다 놓칠 가능성이 훨씬 높다는 걸 알기 때문이다. 사자는 목표를 이루는 데에 모든 힘을 집중한다. 서커스단에서는 사자를 훈련시킬 때 사자의 행동을 통제하기 위해 코앞에 의자를 가져다둔다. 이것은 사자를 혼란스럽게 만들고 집중력을 분산시킨다. 의자 다리 4개에 집중하다 보면 사자들은 멍한 상태가 된다. 사람도 똑같다. 우리의 뇌는 한 번에 하나에만 집중할 수 있다. 한꺼번에 두 개에 집중할 수는 없다. 멀티태스킹을 하면 사실은 여러 가지 일 사이에서 왔다 갔다 하며 반만 열중하는 셈이다. 이것은 별로 효율적이지 못하다. 우리는 한 번에 한 가지 이상을 할 수 없다. 이는 세상에 퍼져 있는, 악영향이 가장 큰 신화 중 하나이다.

우리는 자신의 뇌를 주의력 결핍 상태로 만들고 있다. 많은 사람이 더 이상 긴 시간 집중하지 못한다. 평균적으로 사람들이 하루에 50번쯤 휴대전화를 본다는 이야기가 있다. 우리는 가족, 연인과 함께 있는 시간에도 이메일, 뉴스, 페이스북, 트위터 등등을 본다. 심지어 요즘 사람들은 운전할 때에도 통화를 한다. 휴대전화를 쓰면서 운전하면 0.5초 더 늦게 브레이크를 밟게 된다. 시속 112km로 달리고 있다면 0.5초 사이에 15.5m를 더 가게 되고, 그사이 수많은 일이 일어날 수 있다. 운전 중에 주의가 분산되면 사고 발생 가능성이 9배 더 높아진다. 벨이 울리는데 휴대전화를 못 받으면 어떻게 하느냐고? 그래서 음성사서함이 발명된 거다!

뇌과학 컨설턴트 메릴리 스프링어(Marilee Springer)는 이렇게 말한다. "멀티태스킹은 사람들을 50% 더 느리게 만들고 실수를 50% 더 늘린다고 알려져 있다." 멀티태스킹은 뇌에 약을 주입하는 것과 비슷하다. 멀티태스킹이 되려 훨씬 비생산적이고, 사람을 덜 창의적으로 만들며, 형편없는 결정을 내리게 만든다는 조사 결과는 수두룩하게 나와 있다.

또한 우리는 더 이상 편안하게 앉아서 순간을 즐기지 못한다. 블레즈 파스칼(Blaise Pascal)에 따르면, "모든 인간의 비참함은 방 안에 혼자 조용히 앉아 있지 못하는 데에서 온다."라고 했다. 우리는 차에 타면 라디오를 틀어야만 한다. 집에 오면 TV를 켜야만 한다. TV를 볼 때면 채널을 계속 돌리고, 심지어는 광고를 볼 만큼의 주의력조차 없다. 우리는 계속해서 머릿속을 갈등으로 채운다. 대부분의 사람이 사방으로 주의력을 분산시킨다. 주의를 한곳에 집중하는 사람의 수는 아주 적다. **주의력을 한곳으로 집중**시키지 못한다는 것은 정말로 장애이다.

계속해서 머릿속의 채널을 돌리며 정신을 압도하지 마라. 한 번에 하나만 하는 습관을 되살려 당신의 지성을 날카롭게 다듬어라. 한꺼번에 여러 가지 일을 해서 질을 떨어뜨리지 말고 하나하나 차례로 해내는 가치를 재발견하라. 뛰어난 업적은 언제나 고도의 집중력을 유지하는 시간과 관계가 있다. 산발적인 노력으로는 탁월한 무언가가 나올 수 없다. 당신의 모든 것이 그 자리에 있으면, 당신의 정신적 힘과 지략 역시 그 자리에 있게 된다.

3. 당신이 원하는 것을 알라

사람들은 정보에 접근할 때 거기서 자신이 원하는 것이 무엇인지 정확하게 알지 못한다. 정신을 집중하지 않기 때문이다. 머릿속에 강력한 PIC를 만들어서 정보를 받아들이고 함께하는 방법을 익혀라.

P - Purpose(목표) : 명확한 목표를 갖는 것은 대단히 중요하다. 명료함이 장애물을 없애주기 때문이다. 당신이 왜 이 정보를 읽고 있는지, 왜 배우고 있는지를 항상 기억하라. 머릿속에서 목표를 항상 전면에 두어라. 자신이 무엇을 원하는지 모르면 언제 그걸 얻었는지 어떻게 알 수 있겠는가? 목표를 가지고 공부하면 집중력과 이해력이 높아지고 정보의 유지 기간도 길어지며 생각을 더 잘 정리할 수 있게 된다. 목표가 구체적이면 구체적일수록 더 많은 정보를 얻을 수 있다. 모호한 목표는 '이 책에서 기억력에 대해서 뭘 좀 더 배우고 싶어' 같은 것이다. 구체적인 목표라 함은 '내

기억력을 향상시킬 수 있는 6가지 핵심 전략만큼은 배우고 싶어' 같은 것이다. 당신이 사용할 수 있는 정보를 얻는 데 집중하고, 그것을 계속 연습하라. 데이비드 앨런(David Allen)은 이렇게 말했다. "왜 하는지 잘 모른다면 절대로 그것을 제대로 해내지 못할 것이다."

I - Interest(관심) : 당신의 관심 정도가 집중력의 방향을 결정하고, 또한 집중력의 정도까지 결정한다. 관심이 없으면 읽은 내용을 기억하기 어렵다. 관심사 목록에서 가장 위에 위치한 것이 당신이 기민해지고 집중이 잘되는 것들이다. 관심사 목록에서 가장 아래 있는 것은 별로 하고 싶지 않고 미루게 되는 것들이다.

그 주제에 관심이 있을 때는 수많은 정보를 다 기억할 수 있다. 그것은 거의 자동적으로 이루어지며, 당신의 집중력도 최고조에 이른다. 집중력이 떨어지는 것들은 대체로 관심도 가지지 않는 것들이다. **당신의 정신은 절대로 아무 데나 헤매지 않는다. 오로지 더 관심이 있고 눈에 띄는 것을 향해서만 움직인다.**

우리 모두 관심이 집중력을 향상시킨다는 것은 알지만, '지루한' 정보에 어떻게 관심을 가질 수 있을까? 첫 번째 단계는 당신의 관심사를 찾은 다음, 그것과 당신이 배울 새로운 정보 사이의 연결 고리를 찾는 것이다. 예를 들어 나는 교육을 하고 다른 사람들과 지식을 나누는 것에 관심이 있다. 뭔가 읽으면 나는 항상 새로운 정보를 내 관심사와 연결시키려고 한다. 나의 관심사 필터를 적용해서 정보를 읽거나 들으면 훨씬 더 집중할 수 있기 때문이다. 나는 항상 자신에게 "어떻게 이것을 교육과 연결시킬 수 있을까? 어떻게 이것이 내 삶을 향상시킬 수 있을까? 이것을 읽거나 외우면 다른 사람들은 잘 모르는 걸 얻을 수 있을까? 이게 앞으로 나에게 도움이 될까? 이 내용이 내 목표를 달성하는 데 어떤 도움이 될까?" 같은 것들을 묻는다. 다시 말해서 '지루한' 정보라도 적절한 사고방식만 있으면 훨씬 흥미로워진다는 것이다. 길버트 체스터튼(Gilbert Chesterton)은 이렇게 말한 바 있다. "재미없는 것은 없다. 재미없는 사람만이 있을 뿐이다." **그러니까 관심을 가져라!**

C - Curiosity(호기심) : 호기심을 키우는 데는 질문만한 것이 없다. 뭔가를 읽거나 배우기 전에 우선 스스로 동기 부여가 될 만한 질문을 하라. 대부분의 사람은 행동을 불러올 만한 질문을 하지 않는다. 그저 책을 보고서 "내가

왜 이 책을 읽어야 되지? 읽어야 하는 양이 너무 많잖아. 그리고 엄청 지루해 보여." 같은 말을 할 뿐이다. 이런 식으로 질문하면 이 책을 공부할 에너지가 얼마나 생기겠는가? 정보에 열중할 수 있는 에너지를 불러일으킬 질문을 해야 한다. 스스로에게 이렇게 물어라. "이 책이 지금 내 인생과 얼마나 관계가 있고 어떻게 적용할 수 있을까? 이 정보가 내 목표를 이루는 데 어떤 도움이 될까? 나의 업무 능력을 향상시키는 데 이 정보를 어떻게 사용할 수 있을까? 이게 나한테 어떻게 도움을 줄까? 이 정보가 어떻게 나를 더 중요한 사람으로 만들까?" 당신의 정신이 어떻게 작용하는지에 관해 호기심을 가져라. 토니 로빈스(Tony Robbins)는 이렇게 말했다. "지루함을 없애고 싶다면, 호기심을 가져라. 호기심이 있으면 어떤 것도 따분하지 않다. 자동적으로 공부가 하고 싶어질 것이다. 호기심을 키우면 인생이 끝없는 즐거움의 학문이 된다."

4. 걱정을 없애라

어느 날 잠에서 깼더니 걱정할 게 없다고 상상해보라. 어떤 기분이 드는가? 마음이 아주 평화로워질 것이다.

머릿속을 떠도는 이런저런 잡념도 없어질 거고, 당신의 몸에 스트레스가 되는 감정을 일으키는 생각도 없어질 것이다.

어느 날 잠에서 깼더니 다른 사람들의 행동을 바꾸거나 조정할 필요가 없고, 당신의 생각을 통해 정부를 움직일 필요도 없다고 상상해보라. 최근의 무시무시한 소문을 믿을 필요도 없다고 상상해보라.

바이런 케이티(Byron Katie)는 이렇게 말한다. "세상에는 오로지 세 종류의 일만 있다. 나의 일, 남의 일, 그리고 신의 일이다. 당신은 어떤 일에 몰두하고 있는가?" 자신의 정신에만 집중하고 내 일에만 몰두하면 훨씬 더 마음이 편안해질 것이다. 머릿속의 생각을 단순화하고 평화롭게 만들면 삶이 쉬워진다. '나쁜' 생각을 믿으면 괴롭다. 얼마나 많은 사람, 사건, 상황이 오늘 당신의 머릿속을 통제하려고 했는가? 오로지 나 자신의 정신에만 집중하고 명료한 정신에서 나오는 레이저 같은 에너지를 즐겨라.

애정이 있기 때문에 걱정하는 것이 아니다. 걱정해야 한다고 배웠기 때문에 걱정하는 것이다. 걱정이란 굉장히 창의적인 정신 활동이다. 당신이 머릿속으로 하는 질문들이 걱정을 만든다. '만약에'라는 질문을 하면 걱정이 시작

된다. 당신이 계속해서 "만약에 일자리를 잃으면 어쩌지? 만약에 차를 박으면 어쩌지? 만약에 범죄자가 나를 공격하면 어쩌지?"라고 물으면, 이 모든 '만약에' 문장이 머릿속에서 계속해서 각기 다른 시나리오의 '영화'를 방영하며 당신을 끊임없는 걱정 상태로 만들 것이다. 차라리 자신에게 이렇게 물어라. "일자리를 잃으면 **내가 어떻게 해야 할까?** 차를 박으면 나는 어떻게 해야 할까?" 이 질문으로 만들어지는 영화는 당신을 걱정의 순환 고리로 끌어넣기보다는 정신을 집중시키는 행동 단계를 생각하게 해줄 것이다. 여러 가지 시나리오에서 해결 절차를 만들고 머릿속 평화를 되찾으라.

> 평화로워지는 법을 익혀라.
> 집중력이 없으면
> 정보를 저장할 수도 없기 때문이다.

대부분의 사람은 극단적인 감정 상태에서 그 정반대의 감정 사이를 오락가락한다. 집중력은 가운데에서 머무는 법을 익히는 것이다. 힘을 집중하면 무엇이든 이룰 수 있다. 당신의 정신이 횃불이라고 상상하라. 대부분의 사람은 횃불이 일렁거리면서 사방을 비추게 놔둔다. 당신은 자신의 횃불이 차분하게, 밝게 타오르도록 만들고 싶다. 외부의 그 어떤 것도 당신의 집중력을 다잡아줄 수 없다. 이것은 내적인 임무이다.

오늘 당장 결정을 내려야 한다. 당신의 집중력을 향상시키고 싶은가? 그것은 언제나 당신에게 달렸다. 그러니까 핑계를 버리고, 믿음을 말끔하게 정화하고, 지금 여기에 있어라!

2부
창조하고 연결하기

"창조력을 연마할 때에는
자동적으로 기억력도 연마하게 된다.
기억력을 연마할 때에는
자동적으로 창조적 사고 기술도 연마하게 된다!"

— 토니 부잔

5장
머릿속 영화로 생생하게
_SEE 법칙

"당신의 정신은
지금껏 만들어진 것 중 가장 위대한
가정용 오락 시스템이다."

— 마크 빅터 한센(Mark Victor Hansen)

많은 사람이 포토그래픽 메모리를 갖기를 꿈꾼다. 그들은 포토그래픽 메모리라고 하면 빠르게 머릿속에 정보를 사진처럼 저장하고 (아무 노력 없이) 세세한 부분까지 기억 속에서 끄집어낼 수 있는 능력인 줄 안다. 이 경우에 당신의 정신은 알고 싶은 어떤 것이든 사진으로 찍는 카메라 역할을 할 것이다. 하지만 불행히도 완벽한 기억력을 갖기 위해서는 의식적인 노력이 필요하다. 포토그래픽 메모리는 그저 신화일 뿐이다.

기억은 창의적인 과정이지 사진 찍기 같은 것이 아니다. 당신이 포토그래픽 메모리를 가졌다고 생각하는 많은 사람도 알고 보면 이 책에서 배우게 될 방법을 어느 정도 사용하는 것에 지나지 않는다. 이 방법을 삶에 적용하면, 타고난 기억력을 보다 잘 활용할 수 있게 된다. 완벽한 기억력은 기술이지 특별한 재능이 아니다.

이런 경험을 해본 적이 있는가? 시험을 볼 때 그 내용이 어느 페이지에 있는지는 정확히 아는데 그 페이지에 뭐가 있는지 생각이 안 나는 경우 말이다. 또는 뭔가를 읽다가 페이지 끝까지 갔는데 문득 '내가 방금 뭘 읽었더라?' 싶은 경우도 있다. 이런 일이 일어나는 것은 당신이 정보를 살려내지 못했기 때문이다.

생각해보라. 소설이나 이야기를 읽을 때는 어떤가? 머릿속으로 일종의 영화를 만들지 않는가? 이야기를 읽는 동안 계속 그림을 그리고 눈앞에 떠올리기 때문에 캐릭터와 장소, 사건의 이름까지 전부 기억할 수 있을 것이다. 이때는 상상력과 타고난 창조적 능력을 활용한다.

하지만 교과서 같은 것을 공부할 때면 사람들은 머릿속 카메라나 녹음기를 이용하려고 할 뿐 창조적인 능력은 학습 과정에서 제쳐놓는다. 뭔가를 빠르게 배우거나 소위 포토그래픽 메모리를 가졌다는 사람들은 자신이 공부하는 모든 것에 창조성을 발휘한다. 그들은 과거에 이렇게 하는 법을 배운 적이 있거나 무의식적으로 자연스럽게 이런 방법을 사용하는 사람들이다.

대부분의 사람은 청각으로 정보를 외우려고 한다. 정보를 계속해서 되뇌면서 그것이 머릿속에 고정되기를 바란다. 소리는 다른 기억과 쉽게 결부되지 않기 때문에 굉장히 제한적이다. 또한 소리는 언제나 순차적이다. 뭔가를 듣고 외우려면 정보의 처음부터 시작해서 앞에서 뒤로 넘어가야 한다. 하지만 정보를 머릿속에 이미지로 저장하면 정보를 중간중간 뛰어넘을 수 있고, 그래서 이해력도 더 향상된다.

굉장히 즐겁게 본 책은 대체로 당신의 상상력을 자

극하고 정보를 생생하게 살려낸다. 자연스럽게 그 책에 몰두하게 되고 그 '영화'가 멈출까 봐 책을 손에서 내려놓기가 어렵다.

당신의 정신은 정보를 상영하라고 할 수 있는 내적인 영화 스크린과 같다. 이렇게 하면 더 효과적으로 생각하고 배울 수 있다. 당신의 뇌는 매일 활력 없는 정보를 영상과 아이디어로 변환시키는 기적을 일으킨다. 이것을 유념하면 모든 단어를 글자로 만든 그림으로 변화시킬 수 있다. 단어는 3차원적 이미지를 부호로 만든 것이기 때문이다. 아서 고든(Arthur Gordon)은 이렇게 말한 바 있다. "종이 위에 있는 조그만 검은 부호들을 당연하게 받아들이는 것이 놀랍지 않은가? 글자라는 26개의 여러 가지 모양이 무한한 조합으로 배열되어 생명력 없는 단어를 이루고 있다가 누군가의 눈길이 닿는 순간 살아난다는 것이 말이다."

당신의 뇌가 부호를 보고 이미지를 만들어내지 못한다면 읽고 배우는 모든 것이 무가치하고 굉장히 지루해질 것이다. 뇌는 그림을 좋아하고 사람은 그림을 기억하는 능력이 아주 뛰어나다. 뇌과학자인 존 메디나(John Medina)는 이렇게 말한다. "정보를 들으면 사흘 후에 10%만을 기억한다. 여기에 그림을 보태면 65%를 기억한다."

어떤 사람들은 이렇게 말한다. "난 머릿속에서 그림을 만들어낼 수 없어요." 우리 모두 머릿속에서 그림을 만들 수 있다. 시각적인 이미지를 만들거나 기억할 수 없다면 심각한 문제가 있는 것이다. 당신의 상상력을 활용하는 법을 배워라. 이것은 타고나는 재능이 아니라 배워 익히는 기술이다.

읽고 이해하는 것 역시 창조적 상상력의 과정이다. 이것은 마법에 비견할 수 있는 능력이다. 머릿속으로 이미지를 만들어낼 수 있으면 성공하는 것이고, 그렇지 못하면 뒤죽박죽이 되거나 아무것도 이해할 수 없게 된다. 내가 당신에게 자동차 엔진이 어떻게 작동하는지를 설명하는데, 당신이 엔진이 어떻게 생겼는지 모르고 보여줄 사진이나 그림 같은 것이 없다면 당신은 설명을 이해하기가 굉장히 어려울 것이다.

정보를 이미지나 머릿속의 영화로 더 많이 바꾸면 바꿀수록 우리는 더 많은 것을 기억하고 이해할 수 있게 된다. 무한한 상상력을 이용하면 배우는 모든 것을 더 창조적이고 기억하기 쉽게 바꾸는 법을 익힐 수 있다.

머릿속 영화를 흥미진진하고 오래 남도록 만듦으로써 창조적 기억력 체계를 향상시키는 법을 익히기 위해서는 'SEE' 법칙이 필요하다.

SEE 법칙

S - Sense(감각) : 당신의 감각을 이용하라. 두뇌에 뭔가를 집어넣는 방법은 딱 5가지가 있다. 시각, 청각, 후각, 촉각, 미각을 이용하는 것이다. 오감을 활용하면 삶을 더 많이 느끼고 더 많은 것을 기억할 수 있다.

우리의 감각은 머릿속에서 세상을 재창조할 수 있게 도와준다. 감각을 훈련시키면 뇌를 더 많이 사용하게 되고, 감각을 최대한 많이 사용하면 자동적으로 기억력도 향상된다. 말을 떠올려보라. 머릿속에서 말을 보고, 만지고, 냄새 맡고, 소리를 듣고, 맛도 보라. 머릿속에서 '말'이라는 단어를 보지는 않을 것이다. 그 단어가 뜻하는 다감각적 이미지가 떠오를 것이다. 당신의 감각이 머릿속의 영화를 현실적이고 기억하기 쉽게 만들어준다. 그것을 이용하라!

E - Exaggeration(과장) : 보통 크기의 딸기와 집채만한 크기의 딸기 중 어떤 것이 더 기억하기 쉬울까? 이미지를 실제보다 더 크거나 작게 만들어라. 그냥 코끼리와 분

홍색 비키니를 입은 코끼리 중에서 무엇이 더 기억에 잘 남는가?

우스꽝스럽게 과장하라. 정신을 유쾌하게 자극하라. **공부를 진지하게 해야만 한다는 것에 대한 과학적인 근거는 없다.** 이미지를 비논리적으로 만들어라. 재미있게 즐겨라. 긍정적이고 과장된 학습 기억을 만들어라.

E – Energize(활력) : 이미지에 행동을 더하라. 휴가에 관한 영화를 보겠는가, 평범한 슬라이드 쇼를 보겠는가? 가만히 서 있는 말과 달리고 움직이는 말 중에 어느 쪽이 당신의 상상 속에서 더 많은 감정을 불러일으키는가?

정보를 생생하고 화사하게 만들어라. 지루한 화면에 흑백은 안 된다. 움직임을 넣어라. 그러면 기억을 생생하게 살려낼 수 있다. 비논리적인 방식으로 이미지가 움직이도록 만들어라. 비틀고, 부딪치고, 찌르고, 서로 꼬이게 만들어도 된다. 이미지가 말을 하고, 노래하고, 춤추게 만들 수도 있다. 위대한 천재 월트 디즈니(Walt Disney)를 생각해보라.

상상 단계는 재미있고 창의적인 과정이다.
더 재미있게 만들면 만들수록 더 좋다.

책을 읽거나 무언가를 들을 때면 SEE 법칙에 집중해서 그것을 영화로 만들어라. 이 책에서 배우게 될 특별한 방법을 쓰지 않는다고 해도 SEE 법칙은 당신의 집중력을 향상시켜줄 것이다. 에밀 쿠에(Emile Coue)는 이렇게 이야기했다. "상상력과 의지력이 싸움을 벌이면 언제나 상상력이 이긴다." 당신이 '의지'를 갖고 외우되 상상력은 동원하지 않는다면, 그 기억은 절대 오래가지 않을 것이다. 당신의 상상력이 바로 모든 기억력이 자리하는 곳이다.

어떤 사람들은 이렇게 말한다. "난 원래 그런 식으로 생각하지 않아요." **나도 원래부터 이런 식으로 생각하지 않았다. 이렇게 생각하도록 연습한 것이다. 왜냐하면 이것이 효과가 있기 때문이다.** 상상력을 더 능숙하게 사용할수록 더 많이 알고, 이해하고, 창조할 수 있다. 이 방법으로 당신은 자기 정신의 감독이 될 수 있다.

추상적인 정보를 어떻게 이미지로 바꿀 수 있을까?

우리는 명사와 형용사는 쉽게 외운다. 의미가 있고 별 노력을 들이지 않아도 머릿속에 그림이 떠오르기 때문이다. 대부분의 추상적인 단어는 뭔가 의미로 이루어진다. '무의미한' 단어를 대표할 수 있는 의미 있는 생각이나 단어를 활용하라. 추상적인 단어와 똑같거나 비슷한 소리가 나는 단어나 구절을 찾거나, 혹은 단어를 각각의 음절로 잘라도 좋다. **워싱턴**(Washington)이라는 이름을 외운다고 생각해보자. **워싱**된 청바지를 **터는** 당신의 모습으로 단어를 바꿔볼 수 있을 것이다. **하이드로진**(hydrogen)이라는 단어를 외워야 한다면 **하이드** 파크에서 **진**(gin)을 마시는 모습을 상상할 수도 있다.

복잡한 모든 정보를 이미지로 바꾸어 의미 있고 외우기 쉽게 만들 수 있다. 시작 단계에서는 어느 정도 노력이 필요할 것이다. 처음에는 집중력을 쏟아부어야 습관이 될 수 있다. 단어를 보고, 쪼개고, 이미지로 만들고, 더 많은 의미를 부여하는 훈련을 하라. 연습용으로 외국어 단어를 몇 개 외워보자. 각 단어를 보고 상상력을 발휘해서 'SEE' 미니 영화를 만들어라.

우선 **스페인어 단어**를 이용해보자.
호랑이는 **티그레**(Tigre)이다.
이것은 '티'와 동음어인 '그래'로 자를 수 있다.
'**그래**!'라고 쓰인 **티**셔츠를 입은 '호랑이'를 상상하라.
해는 **솔**(Sole)이다.

파라솔을 쓴 '해'를 상상하라.

팔은 **브라소**(Brazo)이다.

브라를 입은 **소**가 두 발로 서서 '팔'을 휘두르는 모습을 상상하라.

이번에는 **이탈리아어**를 보자.

닭은 **폴로**(Polo)다.

폴로 셔츠를 입은 '닭'이 멋있게 웃고 있는 모습을 상상해볼 수 있다.

고양이는 **가토**(Gatto)이다.

'**고양이**'**가 토**마토 먹는 모습을 상상해보자.

이번에는 **프랑스어**이다.

책은 **리브르**(Livre)이다.

루브르와 발음이 비슷하니까 루**브르** 박물관에 커다란 **리**본을 맨 '책'이 들어 있는 모습을 상상해볼 수 있다.

손은 **맹**(Main)이다.

한 '손'을 들고 있는 **맹**구의 모습을 떠올리자.

의자는 **셰**(Chez)이다.

'의자'에 앉아 **셰**이크를 먹는 모습을 그려보자.

아프리카 줄루어 단어이다.

개는 **인자**(Inja)이다.

인자한 얼굴의 '개'를 생각해보자.

바닥은 **판시**(Phansi)이다.

'바닥'에 널**판지**가 널려 있는 모습을 상상하자.

뱀은 **인요카**(Inyoka)이다.

'뱀'이 **요가**를 하고 있는 모습을 떠올리자.

이번에는 **일본어** 단어이다.

가슴은 **무네**(Mune)이다.

문에 '가슴'이 부딪치는 모습을 상상하자.

문은 **토**(To)이다.

술에 취해서 '문'을 붙잡고 **토**하는 모습을 떠올려라.

융단은 **주탄**(Juutan)이다.

주황색 총**탄**이 날아와서 '융단'을 뚫고 지나가는 모습을 상상하라.

이제 테스트를 해보자.

스페인어로 호랑이는 무엇인가?
이탈리아어로 고양이는 무엇인가?
줄루어로 개는 무엇인가?
일본어로 가슴은 무엇인가?
프랑스어로 책은 무엇인가?
이탈리아어로 닭은 무엇인가?
줄루어로 뱀은 무엇인가?
프랑스어로 손은 무엇인가?
일본어로 융단은 무엇인가?

이 단어들을 우스꽝스러운 머릿속 영화와 연결시키는 것만으로도 당신은 외국어 단어 14개를 배웠다. SEE 법칙을 사용하면 이 방법으로 수백 개의 외국어 단어를 외울 수 있다. 두 개의 개념을 하나로 연결하기만 하면 된다는 것을 명심하라. 몇 초만 상상하면 기억 속에 고착될 것이고, 그러면 필요할 때 손쉽게 불러낼 수 있다.

이 방법을 나라와 수도를 기억하는 데에도 사용할 수 있다. 그냥 정보에 생명을 부여하기만 하면 된다.

호주의 수도는 **캔버라**이다. '캥거루'(호주를 상징)가 **캔** 맥주를 들고 **버라**이어티 쇼를 보는 장면을 상상하면 두 개가 합쳐져서 더 기억하기가 쉬워질 것이다.

그리스의 수도는 **아테네**이다. **아**시아-**태**평양에서 '그리스'를 향해 헤엄치는 **네** 명의 수영선수를 상상하라.

마다가스카르의 수도는 **안타나나리보**이다. '펭귄'(영화 〈마다가스카르〉의 주인공)이 리본에 불을 붙이고서 "**안 타나, 내 리본?**"이라고 말하는 모습을 상상하라.

벨기에의 수도는 **브뤼셀**이다. 친구가 '벨을 당신의 귀에'(벨기에) 대고 흔들면서 "**불이 너무 세!**"라고 외치는 모습을 생각하라.

우스꽝스러운 장면을 만들어내고 SEE 법칙을 적용하면 모든 수도 이름을 쉽게 외울 수 있을 것이다.

강력한 기억력의 가장 큰 비밀은 무한한 상상력으로 정보에 생명을 부여하는 것이다. 당신의 기억력에 책임을 져라. 나 자신이 상상력의 원천이 되어야만 기억력을 통제하는 법을 배울 수 있다. 기억력은 자연스럽게 오지 않는다. 당신이 기억을 창조해야 한다. 어떤 정보든 더 의미 깊은 것으로 바꿀 수 있다. 기억 체계를 사용하기 시작하면 추상적인 정보를 의미 있는 개념으로 바꾸는 것이 얼마나 쉬운지 알게 될 것이다. 이 모든 기억법을 사용하면 당신의 창조력이 높아지고 기억력과 유머 감각도 향상될 것이다.

6장
자동차를 이용하라
_자동차 기억법

"간단한 것을 복잡하게 만드는 것은 흔한 일이다.
복잡한 것을 간단하게,
놀랄 만큼 간단하게 만드는 것이
바로 창의력이다."

— 찰스 밍거스(Charles Mingus)

우리는 바로 앞에서 정보를 이미지나 머릿속의 영화로 바꾸어 생생하게 살려내는 법을 배웠다. 이제는 장기 기억에서 이미지를 만들기 위한 파일을 만드는 법을 알아볼 차례이다. 이것은 새로운 정보를 기억하는 데 도움이 된다. 이 체계를 세우려면 생각하는 방식을 바꾸어야 한다. 나는 항상 사람들이 기억력과 집중력을 향상시키고 싶어 하면서도 거의 같은 행동만 반복하고 다른 결과가 나오기를 바라는 것이 참 신기했다. '다른 행동'을 해야 하고, '달라져야' 한다.

내가 지금부터 알려줄 방법은 '자동차 기억법(The Car Method)'이라고 한다. 차는 우리가 잘 알고 머릿속으로 쉽게 탐색할 수 있기 때문에 훌륭한 장기적 저장고가 된다. 이 방법을 비롯한 다른 방법에 SEE 법칙을 적용해보라. 어떤 언어든 단어라는 것은 글자로 쓴 그림일 뿐임을 명심하라. "난 별로 창의적이지 않아.", "난 이런 식으로 생각을 못해." 같은 핑계는 그만 대라. 나도 이런 식으로 생각하지 않았다. 이렇게 생각하도록 연습했을 뿐이다. 왜냐하면 이것이 효과가 있기 때문이다.

이 방법이 좀 괴상해 보일 수도 있겠지만, 그냥 따라해보라. 곧 왜 하는지 이해하게 될 것이고, 정보를 기억할 수 있게 될 거라고 장담한다. 이 방법은 설명하는 데는 오래 걸리지만, 순식간에 효과를 볼 수 있다. 이 방법이 효과가 없다면 이유는 하나뿐이다. 당신이 안 했기 때문이다.

이 연습에서는 명사를 사용할 것이다. 상상하기 쉽고, 그래서 통제하고 저장하기도 더 쉽기 때문이다. 그런 다음 두 번째 연습과 이 책의 나머지 부분에서는 좀 더 추상적인 정보를 사용할 것이다. 이미지를 머릿속으로 그리고 얼마나 기억할 수 있는지 확인해보자.

머릿속으로 당신의 차를 그린 다음, 차 라디에이터 그릴에 커다란 **사과**를 밀어 넣어라. **당근**은 보닛 안쪽에 찔러 넣어라. 앞 유리에는 **곡물 빵**이 붙어 있어서 당신은 '저 곡물 빵 때문에 앞 유리 와이퍼가 망가질 거야'라고 생각한다. 이제 차 안으로 들어가서 대시보드 위에 **건과일**을 밀어 넣어 속도계 안쪽까지 집어넣어라. 운전석에서는 당신이 **블루베리**와 **딸기** 위에 앉아 있는 모습을 상상하고, 실제로 그것을 느껴라. 당신 옆 조수석에 있는 사람에게 **계란**을 집어던져 그의 얼굴에서 계란이 흘러내리고 있을 것이다. 뒷자리에는 수천 개의 **땅콩**과 **해바라기 씨**를 붓는다. 다시 차 밖으로 나와서 차 지붕 위에 커다란 **오렌지**가 있는 모습을 상상하라. 트렁크를 열면 그 안에는 지독한 냄새가 나는 **생선**이 가득하다. 배기 파이프에서는 **브로콜리**와 **싹양배추**가 튀어나와 있고, 마지막으로 타이어는 **고구마**로 만들어져 있다. 멋지지 않은가!

차를 앞에서부터 뒤까지 찬찬히 훑으며 이 모든 정보를 기억할 수 있는지 한번 살펴보자. 단어가 머릿속에 딱 붙지 않거든 다시 돌아가서 머릿속에 보다 명확하게 떠오르도록 더 강한 연결 고리를 만들고 SEE 법칙을 적용하라.

당신이 방금 배운 것은 14개의 슈퍼푸드이다. 슈퍼푸드는 몸에 활력을 주고 정신을 기민하게 유지시켜주는 음식이다. 이제 당신은 이 목록을 처음부터 끝까지 알게 되었을 뿐 아니라 거꾸로도 외울 수 있고 안에서 밖으로 외울 수도 있다. 지붕에는 뭐가 있더라? 타이어는 뭘로 만들어졌더라? 운전석에는 뭐가 있었지? 차 보닛에는 뭐가 있고? 당신의 정신은 자동적으로 연결 고리를 만들고 질문에 대한 답을 호출할 것이다. 이제 정말 확실하게 알았으니 기억을 떠올리고 활용하는 것이 더 쉬워질 것이다.

어떤 사람들은 이렇게 말한다. "하지만 이제 차에 관해서도 기억을 해야 하니까 외울 게 더 많아진 거잖아요."

그렇지 않다. 모든 체계에서 당신은 이미 기억하고 있는 것을 사용할 수 있다. 사실, 당신의 장기 기억 안에서 사용하지 않던 공간을 전부 다 사용해도 된다.

당신은 모든 목록을 쉽게 기억했다. 자, 왜 이 체계가 이렇게 효과가 좋은 것일까? 체에 물을 부으면 붓는 족족 다 빠져나갈 것이다. 하지만 체 안에 통을 넣은 다음 물을 부으면 물이 고인다. 당신의 기억도 똑같은 방식으로 작용한다. 장기 기억(자신의 이름이나 집의 구조 등 기억 속에 거의 영원히 자리하고 있는 것들)은 단기적인 정보(새 전화번호처럼 새롭게 들어오는 정보)를 가둬놓는 데 사용하는 통과 같다. 자동차 기억법을 쓸 수 있게 되면 강력한 중기 기억(MTM: Medium-Term Memory)을 만들 수 있다.

차 목록을 통해 당신의 차 전체를 장기 기억(LTM: Long-Term Memory)으로 보관할 수 있다. 장기 기억은 정보를 저장할 공간을 제공한다. 차에서의 위치가 단기 기억(STM: Short-Term Memory)을 위한 저장 공간이 된다. 모든 기억법은 아래의 공식대로 작동한다.

장기 기억 + 단기 기억 = 중기 기억

이 방법은 또한 더 쉽게 정보를 정리해서 찾을 수 있게 해준다. '강력기억저장'과 '장저억기력강' 중에서 뭐가 더 외우기 쉬운가? 같은 글자들로 이루어진 단어지만 서로 의미가 완전히 다르고 두 번째가 외우기도 훨씬 어렵다. 주제를 더 순차적으로 만들어놓을수록 외우기가 더 쉬워진다. **가속 학습법의 비결은 더 훌륭한 조직화이다.**

다른 새로운 정보를 기억하기 위해 또 다른 차를 사용할 수도 있다. 다음 그림 속 차에는 일곱 개의 이미지가 덧붙여져 있다. 이것이 슈퍼푸드 차와 충돌해서는 안 된다. 새로운 '기억 파일'을 열어서 만드는 것이기 때문이다.

머릿속에서 전체 그림을 말끔하게 되살릴 수 있도록 다음 페이지의 그림을 외우자. 이미지를 하나씩 쪼개라. 한군데씩 보고 하나하나가 그 자리에 딱 고정되도록 만들어라.

다 외웠는가? 좋다. 당신이 방금 외운 것은 스티븐 커비(Stephen Covey)의 '성공하는 사람들의 7가지 습관'이다. 당신은 7개의 이미지를 외워서 머릿속에 각 습관의 핵심 내용을 저장해두었다. 이것을 기억 저장소 안에 넣어두면 7가지 습관에 따라 살아갈 때 더 쉽게 상태를 판별할 수 있을 것이다. 머릿속으로 차를 떠올리기만 하면 즉시 모든 정보를 기억해낼 수 있다. 더 많이 알면 알수록 그 이상을 알기가 더 쉬워진다는 것을 명심하라.

각각의 이미지를 설명해보겠다. 성공하는 사람들의 7가지 습관은 다음과 같다.

습관 1. 주도적이 되어라

나는 술을 훔치는 도적을 떠올렸다. 이 이미지로 1번 습관을 쉽게 떠올릴 수 있을 것이다.

습관 2. 끝을 생각하며 시작하라

달리기 경주를 하는 뇌가 끝을 향해 달리고 있다.

습관 3. 중요한 것을 먼저 하라

한 선수가 1위 자리에 첫 번째로 올라서고 있다.

습관 4. 윈/윈을 생각하라

윈/윈하면 모두가 이기는 것을 두 개의 트로피가 보여준다.

습관 5. 본인이 먼저 이해한 다음에 남을 이해시켜라

엄마가 먼저 이해한 다음 아이에게 가르쳐주고 있다.

습관 6. 시너지를 내라

두 사람이 신나게(시너지와 비슷한 발음) 춤을 추고 있다.

습관 7. 항상 날을 새로 갈아라

차 타이어에 톱날을 간다.

기억을 할 때는 언제나 최대한 적은 수의 이미지를 사용해서 최대한 많이 기억하라. 그림이 간단하고 명료할수록 부담스러운 느낌이 덜하다.

한편 첫 번째 3개의 습관은 **개인적인 업적**과 연관 지을 수 있다. 차 앞쪽은 개인적인 공간이다. 당신만이 차의 보닛을 열 수 있다. 4, 5, 6번 습관은 **대중적인 업적**이다. 차에는 다른 사람을 태울 수 있고, 이것은 대중적이다. 7번 습관은 차 바깥에 있는 것이다. 7번 습관은 다른 모든 것을 계속해서 통제한다.

이 습관들을 기억하고, 더 많은 것을 이해하고 새기고 그에 따라 살기 위해서 『성공하는 사람들의 7가지 습관 (The Seven Habits of Highly Effective People)』을 읽어라. 스티븐 커비는 이렇게 말한다. "습관은 새로 배우거나 없앨 수 있다. 하지만 순식간에 고쳐지지는 않는다. 여기에는 변화 과정과 엄청난 헌신이 필요하다."

이 장에서 당신은 21가지의 유용한 정보를 외웠을 것이다. 이 방법은 정보를 보다 명료하게 정리해서 기억력과 잠재력을 더 많이 사용할 수 있게 만들어준다. 이 책에 실린 모든 방법은 나중에 쓸 수 있게 정보를 저장하는 것을 도와준다. 당신의 차 안팎에 더 많은 저장 공간을 만들 수 있다. 잘 생각하면 기억 속에 새로운 정보를 저장하기 위해서 적당한 공간을 자동차 여기저기에서 최소한 100군데는 찾을 수 있을 것이다. 또한 버스나 열차, 비행기, 배, 심지어는 우주선처럼 다른 형태의 교통수단을 이용해서 정보를 저장할 수도 있다.

7장
내 몸이 기억 저장소다

_신체 기억법

"인생이라는 음악은
당신이라는 존재의 키보드 위에서
마법을 부리는 다중지능 손가락 모두를 이용해서
연주하는 것이 훨씬 좋다."

― 토니 부잔

방금 읽은 문장은 토니 부잔의 책 『헤드 퍼스트(Head First)』에서 가져온 것이다. 이 책에서 그는 우리에게 최소한 10가지 지능이 있다고 설명한다. 우리가 '똑똑해지는' 방법은 한 가지가 아니라 최소한 10가지 이상이라는 것이다. 나는 이 지능들을 통해서 우리 모두가 얼마나 대단한지, 그리고 그 지능을 매일 향상시키려면 어떻게 해야 하는지 생각하곤 한다.

하지만 이 이야기를 하기 전에 우선 이 지능들을 다른 방법을 통해서 외우는 법을 먼저 보여주겠다. 이는 '신체 기억법(The Body Method)'이라고 한다. '자동차 기억법'과 비슷하지만 이번에는 새로운 정보를 저장하는 데 우리 몸의 일부를 사용한다.

당신의 몸은 또 다른 장기 기억 저장소이다. 매일 몸을 사용하고, 몸에 대해 아주 잘 알기 때문이다. 사용할 수 있는 저장 공간은 많지만, 설명을 위해 10군데만 사용하겠다.

이 방법을 써서 우리 몸에 10개의 핵심 정보를 저장할 것이다. 이 정보는 보다 추상적이기 때문에 좀 더 창의적으로 생각해야 한다. 자, 시작해보자.

정보를 저장할 첫 번째 장소는 발이다. 첫 번째 지능은 **창의적** 지능이다. 그러니까 밝게 빛나는 커다란 **전구**(전구를 보면 나는 항상 창의적인 아이디어가 연상된다) 위에 서 있고, 전구가 당신 발을 뜨겁게 달구는 것을 상상하기를 바란다. 연상 작용을 강화하기 위해서 발로 아름다운 그림을 그리는 장면을 상상해도 좋다.

두 번째 장소인 무릎에는 **개인적** 지능을 저장할 것이다. 이제 무릎 위에 커다란 **개**('개인' 발음을 연상)를 올려놓은 모습을 상상하라. 이 이미지에 움직임도 좀 넣자. 개가 당신의 무릎 위에 앉아서 책을 읽는 장면을 떠올리자. 개인적 지능은 책임을 지는 것이기 때문에 개가 책을 읽는 모습을 상상하는 것이다.

다음 저장 장소는 허벅지이다. 여기에는 **사회적** 지능을 저장할 것이다. 사람들이 당신 허벅지 위에서 **회사 일**(사회생활)을 하는 모습을 상상하라. SEE 법칙을 활용해서 당신의 허벅지 위에서 벌어지는 일을 느껴보라.

다음 장소는 당신의 허리 벨트나 골반이다. 여기에는 **영적** 지능을 저장할 것이다. 아름다운 **천사**가 벨트에 앉아 있거나 혹은 천사가 벨트를 채워주는 모습을 상상하라(천사는 영적인 상징이니까). 이제 발부터 골반까지 앞에서 저장한 이미지들을 살펴보라. 거기에 저장한 단어는 창의적, 개인적, 사회적, 영적 지능이다.

다음은 **육체적** 지능이고, 이것은 복부에 저장할 것이다. 육체적인 **운동**을 하는 모습을 상상하라. 이를테면 윗몸 일으키기를 해서 당신의 복부가 갑자기 근육질이 되는 장면이나 완벽한 식스팩이 생기는 것을 상상해보라.

왼손에는 **감각적** 지능을 저장할 것이다. 왼손에 콧물이 흐르는 코와 귀, 눈이 달려 있어서 모든 **감각**을 연상하도록 만들어보자.

그다음으로 오른손에는 **성적** 지능을 저장한다. 이것은 당신이 내키는 대로 만들어라.

이제 재빨리 한번 살펴보면, 지금까지 저장한 것은 창의적, 개인적, 사회적, 영적, 육체적, 감각적, 성적 지능이다.

다음 장소는 당신의 입이다. 당신의 입에서 커다랗고 휘황찬란한 **숫자**가 튀어나오는 모습을 상상하라(숫자 지능). 아니면 숫자만을 말하는 모습을 상상해도 좋다.

코에서는 **공**이 코와 이마 위에 얹혀 있는 모습을 SEE 법칙으로 만들어라(공간 지능). 아니면 공이 코에서 튀어나오는 모습도 좋다.

마지막은 당신의 머리이다. 머리카락으로 단어를 만들거나 머리카락이 **말**을 하기 시작하는 장면을 상상하라(언어 지능).

신체 목록을 다시 한번 살펴보자.

창의적, 감정적 지능 : 다리는 창처럼 길다. 그러니까 이를 통해서 발과 다리에 창의적, 감정적 지능이 저장되어 있다는 걸 떠올릴 수 있다.

1. 창의적 지능
2. 개인적 지능(자기 인식, 자기실현, 자신을 이해하기)
3. 사회적 지능
4. 영적 지능

신체적 지능 : 전부 다 몸에서 가장 큰 부위인 몸통에 저장되어 있다.

5. 육체적 지능
6. 감각적 지능
7. 성적 지능

전통적인 IQ 지능 : 머리의 지능.

8. 숫자 지능

9. 공간 지능

10. 언어 지능

토니 부잔은 이제 지능의 시대에 들어섰기 때문에 놀라운 지능들에 대해서 더 많이 아는 것이 굉장히 중요하다고 말한다.

신체 기억법은 내용 여기저기로 쉽게 옮겨갈 수 있도록 정보를 구조적으로 저장하는 것을 도와준다. 『헤드 퍼스트』를 읽을 때 이 신체 목록이 더 많은 정보를 모으고 내용을 더 잘 이해하고 인식할 수 있게 해주는 강력한 기억 저장 행렬 역할을 해줄 것이다.

하워드 가드너(Howard Gardner)의 다중지능이론과 같은 다른 지능 목록에 관해 듣게 된다면 그 정보를 관련된 위치에 손쉽게 저장할 수 있다. 사람들이 IQ에 대해 이야기하는 것을 들으면 IQ가 딱 세 가지 지능, 즉 머리의 지능만을 시험하는 것임을 즉시 떠올릴 수 있다.

"대부분은 스스로가 똑똑하거나
똑똑하지 않다고 생각하도록 배운다.
하지만 우리가 학교에서 배운 지능의 정의는
학교에서 가장 중요하게 여기는
특정 지능, 언어 지능과 숫자 지능만을
바탕으로 한 것이다."

— 폴 매케나(Paul McKenna)

신체 기억법은 원래 고대 그리스인들이 만든 것이다. 이 방법은 시험을 볼 때, 일을 할 때, 쇼핑 목록 등의 정보 목록을 외울 때 언제든 사용할 수 있다. 심지어는 샤워하는 도중처럼 당장 펜이 없을 때 뭔가를 기억하기 위해 사용할 수도 있다. 나는 10군데만 예로 들었지만 등, 귀, 눈, 코 등 모든 곳을 다 사용할 수 있다. 그저 두 가지를 재미있는 방식으로(SEE 법칙을 기억하라) 연결하고, 순서를 외우기만 하면 된다. 나는 이 방법으로 50가지 정보도 외워본 적이 있다. 나는 이 방법을 사용해서 정보를 외우는 것을 좋아한다. 그러면 정보를 바로 내 손끝에 두고 계속 찾아볼 수 있기 때문이다.

8장
빨래를 널듯이 고정시켜라
_집게법

"망각의 존재는 한 번도 입증된 적이 없다.
그저 가끔 뭔가를 원하는데
그것들이 머릿속에 떠오르지 않는다는 것만 알 뿐이다."

— 프리드리히 니체(Friedrich Nietzsche)

어떤 냄새를 맡자마자 기억 속에 예전 어느 때가 떠오른 적이 있는가? 냄새는 경험과 연결되어 있다. 혹은 노래를 듣고서 머릿속에 옛 추억이 줄줄이 재생된 적이 있는가?

우리는 의식적으로 이런 연상 원리를 이용해서 기억 기술 도구함에 또 다른 기억 체계를 만들 수 있다. 내가 가장 먼저 배운 기억법이자 나에게 기억력의 잠재성을 알려준 방법이기도 하다. 속임수가 아닐까 생각될 정도로 효과가 좋아서, 그날 이래로 기억을 마음대로 소환할 수 있게 되었다. 당신에게도 비슷한 효과가 있기를 바란다. 이것은 기억의 '집게법(The Peg Method)'이라고 한다.

우선 우리는 당신의 연상력이 어느 정도인지 탐색해 볼 것이다. 그리고 기억의 두 가지 새로운 집게법을 배울 것이다. 첫 번째는 '운율 집게법(The Rhyming Peg Method)'이고, 두 번째는 '모양 집게법(The Shape Peg Method)'이다. 이 방법은 1700년대 말 존 샘브룩(John Sambrook)과 헨리 허드슨(Henry Heardson)에 의해 고안되었다.

집게법은 굉장히 간단하고 효과적이다. 이 방법을 쓰면 짧은 시간 동안 40개 이상의 정보를 외울 수 있다. 심지어는 정보를 무작위적인 순서로, 또 숫자로 외우는 것도 가능하다.

첫 번째 방법인 운율 집게법을 설명하겠다. 여기서 집게는 빨래집게와 거의 똑같은 방식으로 작용한다. 당신의 머릿속에 정보를 넣어서 고정시키는 것이다. 집게법이 작용하려면 집게 자체가 장기 기억의 일부가 되어야 한다. 단기 기억을 돕기 위해서는 언제나 장기 기억이 필요하다는 것을 명심하라. 이 방법으로 당신은 머릿속에서 장기 기억의 집게에 정보를 연결시킬 수 있다. 또한 집게는 새로운 생각을 기억하기 위한 저장 공간이나 파일 역할도 한다. 방법 자체는 간단하다. 운율이 맞는 단어로 기억을 고정시키는 것이다. 다음의 숫자 동요에 나오는 운율 단어를 기억 파일로 사용해보겠다.

하나는 할머니라는 단어와 운율이 맞다.

둘 - 두부장수

셋 - 새색시

넷 - 냇가

다섯 - 다람쥐

여섯 - 여학생

일곱 - 일꾼

여덟 - 엿장수

아홉 - 아버지

열 - 열무 장수

자, 각각의 집게는 새로운 정보를 저장하는 공간이 될 수 있다. 이 집게를 (SEE 법칙을 이용해서) 당신이 외우고 싶은 단어와 연결하라.

토니 로빈스의 인생을 변화시키는 책『네 안에 잠든 거인을 깨워라 (Awaken the Giant Within)』에서 그는 인생에 강력한 힘을 주는 10가지 감정 목록을 제시한다. 이 새로운 방법을 사용해서 10가지 감정을 당신의 머릿속에 고정시켜 보기 바란다. 이 감정들을 매일 생각하라. 왜냐하면 당신이 어떤 행동을 해야 하는지 기억해야만 개인적인 발전을 이룰 수 있기 때문이다.

힘을 주는 10가지 감정은 다음과 같다.

1. 사랑과 온정

2. 감사하는 마음

3. 호기심

4. 흥분과 열정

5. 결단력

6. 유연성

7. 자신감

8. 명랑함

9. 활력

10. 베푸는 마음

이미지를 비논리적으로 만들어야 한다는 것을 명심하자. 머릿속으로 몇 초 동안 정보에 SEE 법칙을 적용하라. 시간을 들여 강력한 연상 고리를 만들어라. 정보를 더 생생하게 만드는 데 도움이 될 만한 이미지를 덧붙여도 좋다.

하나의 할머니 : 커다란 하트(사랑의 상징) 무늬의 티셔츠를 입고 있는 할머니를 떠올려라. 수많은 하트 무늬가 있는 티셔츠에 하트 모양 선글라스를 쓴 할머니도 좋다. 이것을 상상하면 첫 번째가 **사랑**과 **온정**이라는 것을 기억할 수 있을 것이다.

둘의 두부 장수 : 두부 장수가 두부를 팔고서 손님과 서로 고맙다고 인사하는 장면을 떠올려라. 물건을

사고팔며 인사하는 모습은 **감사하는 마음**을 떠올릴 수 있게 해줄 것이다.

셋의 새색시 : 갓 결혼한 새색시가 모든 것을 궁금해하며 눈을 반짝이는 모습을 상상하라. 아니면 탐정처럼 돋보기를 들고 새신랑의 뒷조사를 하는 장면을 상상해도 좋다. 꼭 논리적이어야 할 필요는 없다. 모든 것을 궁금해하니까 세 번째가 바로 **호기심**이다.

넷의 냇가 : 냇가에서 아이들이 흥분해서 첨벙거리고 노는 모습을 상상하라. 아니면 냇물이 마치 살아 있는 것처럼 출렁거리고 소용돌이치는 모습을 상상하는 것도 좋다. 네 번째는 **흥분과 열정**이다.

다섯의 다람쥐 : 다람쥐가 도토리를 꽉 쥐고서 단호하게 놓지 않는 모습을 상상하라. 또는 당신이 가진 도토리를 결연하게 빼앗아가는 모습을 상상할 수도 있을 것이다. 다섯 번째는 **결단력**이다.

여섯의 여학생 : 여학생이 가랑이를 찢는 모습을 상

상하라. 유연해서 앞뒤로, 좌우로 다리를 찢는 모습을 생각하면 여섯 번째가 **유연성**이라는 것을 쉽게 떠올릴 수 있을 것이다.

일곱의 일꾼 : 일꾼은 자신이 하는 일에 자신감이 있는 사람들이다. 자신 있게 나무를 베거나 혹은 건설 현장에서 집을 짓는 자신만만한 일꾼들의 모습을 떠올리자. 일곱 번째는 **자신감**이다.

여덟의 엿장수 : 엿가위를 두드리며 밝고 경쾌한 가락에 맞춰 춤을 추는 엿장수의 모습을 떠올려보라. 여덟 번째는 **명랑함**이다.

아홉의 아버지 : 축 처져 있던 아버지가 비타민 음료를 마시고 갑자기 활기가 생겨서 슈퍼맨처럼 되는 모습을 상상해보라. 아홉 번째는 **활력**이다.

열의 열무 장수 : 열무 장수가 열무를 주위 사람들에게 기꺼이 나누어주는 모습을 떠올려라. 열 번째는 **베푸는 마음**이다.

이제 머릿속으로 연결된 각각의 이미지를 떠올리고 명확하게 만들어보자. 이제는 이 감정들을 앞에서 뒤로, 뒤에서 앞으로, 또 무작위로 말할 수 있어야 한다. 전부 다 외우고 있는지 테스트해보라.

이 감정들을 느끼는 연습을 하라. 연습을 해야만 능숙해지기 때문이다. 토니 로빈스는 이렇게 말한다. "당신은 자신이 가진 모든 감정의 원천이다. 스스로가 그 감정들을 만든다. 이 감정들을 매일 가꾸며 당신의 삶이 전에는 상상조차 못 했을 정도로 활기차게 자라나는 것을 보라."

운율 집게법은 숫자와 운이 맞는 단어를 더 많이 찾아서 더욱 확장시킬 수도 있다. 예를 들어 하나는 할머니, 하루, 한숨, 하마 등과 운이 맞는다. 이 방법으로 30개 정도의 새 정보를 저장하는 집게 기억 체계를 쉽게 만들 수 있다.

또한 집게법에는 한계가 없다. 다른 목록도 얼마든지 만들 수 있다. 두 번째 짧은 집게 목록인 모양 기억 체계(The Shape System)에 대해 알아보자. 이것은 숫자를 구체적인 모양으로 바꾸는 것이다. 운율 목록과 똑같은 방식으로 작용하지만, 이번에는 집게가 숫자와 비슷한 모양이다. 이 기억 체계로 연습해보지는 않을 것이다. 운율 목록에서 이미 방법을 배웠기 때문이다.

혼자서 이 목록을 활용하여 새로운 정보 10가지를 외우고, 테스트해보라. 모양법은 당신이 활용할 수 있는 또 다른 선택지일 뿐이다. 다음 목록을 보자.

이 집게 목록은 수많은 새로운 가능성을 제시한다. 당신은 온갖 종류의 집게 목록을 만들 수 있다. 당신의 장기 기억에 이미 존재하는 어떤 목록이든 사용할 수 있다.

ㄱ, ㄴ, ㄷ, ㄹ 등 각각의 자음에 알맞은 단어를 이용할 수도 있다. 가위, 나비, 다람쥐, 라면 같은 식이다. 당신이 이미 잘 알고 있는 목록이면 뭐든 가능하다. 당신이 좋아하는 축구 선수나 슈퍼 히어로, 가수도 좋고 순서대로 기억할 수 있는 것이면 어떤 목록이라도 상관없다. 이 기억법을 즐겁게 사용하고, 그 효과를 향상시킬 수 있는 새로운 방법을 찾아보라.

9장
처음 위치로
_여행 기억법

"무엇에 관해 생각하든
그것은 당신이 기억하는 것이다.
기억은 생각의 잔여물이다."

— 대니얼 T. 윌링엄(Daniel T. Willingham)

지금부터 알려줄 기억 체계는 당신이 배우게 될 기억 도구들 중에서 가장 대단한 도구이다. 이는 상상조차 하지 못한 방식으로 당신의 성장을 도와줄 것이다. 이 기억 체계는 굉장히 간단하고, 역사도 약 2,500년이나 되었다. 하지만 아직까지도 그 가능성이 무궁무진하다.

이 기억 체계를 활용하면 어떤 정보든 외울 수 있고, 아무리 많은 정보라도 문제가 없다. 연습이 필요하긴 하지만 한번 활용하기 시작하면 다시 예전으로 돌아갈 수 없을 것이다.

이 방법은 독창적이면서도 그 효과가 독보적이다. 이 기억법을 사용하는 것은 어디어디 여행했는지를 기억하는 것만큼이나 쉽다. 어떤 사람들은 이 방법이 너무 쉬워서 효과가 없을 거라고도 생각하지만, 부담이 되지 않아 더 효과적이다.

이 방법은 '자동차 기억법'이나 '신체 기억법'과 같은 과정을 밟지만, 이번에는 정보를 저장하기 위해 장소나 여정, 노선에서의 특정 위치나 표지를 사용한다는 점에서 차이가 있다.

이 기억 체계를 활용하는 방법은 다음과 같다.

1) 머릿속으로 잘 정리된 장소를 하나 정하라(예를 들면 집의 배치도나 여행지, 쇼핑센터 등).

2) 몸이나 자동차 목록을 만들 때 했던 것처럼 그 장소에 표지나 특정한 위치를 만들어라(따라가기 쉬운 순서대로).

3) 당신이 기억하고 싶은 정보의 명확한 이미지를 (SEE 법칙을 사용해서) 만들어라.

4) 당신이 기억하려고 하는 각각의 아이템을 정해진 위치에 하나씩 놓아라.

쉽게 말해서 머릿속으로 노선이나 여정, 건물 내에서 정보를 저장할 특정 위치를 찾는 간단한 방법이다. 위치를 찾고 나면 거기에 정보를 저장한다. 이 기억 체계는 가까운 가게까지 가는 길을 기억하는 것만큼이나 쉽게 대량의 정보를 기억할 수 있게 해준다.

다시 이 공식을 사용하라.

장기 기억 + 단기 기억 = 중기 기억

짧은 연습을 통해서 '여행 기억법(The Journey Method)'을 설명해보겠다. 우리는 존 맥스웰(John C. Maxwell)의 책에 나온 12가지 유용한 법칙을 저장할 것이다. 나는 그의 책을 정말 재미있게 읽는다. 내용이 언제나 잘 조직되어 있어서 정보를 저장하는 것이 아주 쉽기 때문이다. 그는 대체로 자신이 설명할 주제의 간략한 목록을 만든 다음 각각의 주제에 관해 좀 더 상세하게 설명한다. 이 방법에 따라 그의 목록과 법칙 전부를 외우기만 하면 당신도 리더십 전문가가 될 수 있다.

한번 정보를 기억하기 쉬운 행렬에 넣어두면 그것이 더 많은 정보를 끌어당기게 된다. 그리고 장기 저장소에 넣고 사용하는 것도 도와준다. 머릿속에 정보를 넣어두면 사용하기도 훨씬 쉽다. 아는 것을 떠올릴 수 없다면 정보를 배운들 뭐하겠는가?

저서 『오늘을 사는 원칙(Today Matters)』에서 존 맥스웰은 삶에서 더 많은 성공을 거두고 더 많은 것을 이루기 위해

매일 집중해야 할 12가지 원칙을 이야기한다. 그에 따르면, "매일 하는 무언가를 바꾸지 않으면 절대로 당신의 인생을 바꿀 수 없다."라고 한다. 그는 이것을 매일 지키고 관리해야 할 '데일리 더즌(Daily Dozen)'이라고 부른다.

오늘을 사는 12가지 원칙은 다음과 같다.

1. 태도
2. 우선순위
3. 건강
4. 가족
5. 생각
6. 헌신
7. 재정
8. 믿음
9. 관계
10. 관대함
11. 가치
12. 성장

대부분의 사람은 이 정보 목록을 반복하고 또 반복하면서 억지로 기억에 넣으려고 할 것이다. 기계적 암기와 계속적인 반복은 공부를 싫어하게 하고 좌절감을 느끼게 만든다. 정보를 기억 속에 부호화해서 저장하면 훨씬 효과적으로 익힐 수 있다. 불만족(FrUstratioN) 속에서 만족(fun)을 찾는 방법을 사용해보자. 우리가 해야 할 일은 그저 주의를 집중하고 각각의 개념을 특정 장소에 연결시키는 것뿐이다. 나와 함께 이 간단한 연습을 해보자.

이 기억 체계를 어떻게 쓰는지 예를 보여주기 위해서 여행 경로로 우리 집의 방 4개를 사용해볼 것이다. 방은 내 머릿속에서 새로운 정보를 저장하는 공간으로 사용된다. 내가 집 안을 보여줄 테니 함께 정보를 저장해보자.

순서를 따라가기 쉽게 표지를 배치한다. 그런 다음 명확한 저장 공간이 되었는지 당신의 표지들을 다시 한번 살펴라. 저장 위치는 서로 가까우면서도 적당히 떨어져 있어야 한다.

방 4개와 우리가 사용할 12곳의 위치는 다음과 같다.

방1 - 부엌 : 1. 세탁기 2. 냉장고 3. 오븐

방2 - TV방 : 4. 의자 5. TV 6. 실내 자전거

방3 - 침실 : 7. 거울 8. 장롱 9. 침대

방4 - 욕실 : 10. 욕조 11. 샤워기 12. 변기

방 1 - 부엌

세탁기

냉장고   오븐

방 2 - TV 방

의자

실내 자전거

TV

방 3 - 침실

거울

침대

장롱

방 4 - 욕실

욕조

변기

샤워기

내가 당신에게 12개의 물건이 담긴 상자를 주면 이 물건들을 집 안에 있는 가구 위에 놔둘 수 있겠는가? 물론 할 수 있을 것이다. 다시 말해 이제 우리가 할 일은 정보를 실제로 있는 물건처럼 방 안에 놔두는 것뿐이다.

부엌에서부터 시작하자. 첫 번째 단어는 **태도**이다. 태도가 아주 나쁜 사람이 당신의 세탁기 위에서 펄쩍펄쩍 뛰는 모습을 상상하라. 세탁기로 그 사람의 태도를 말끔하게 씻어주는 것을 생각하라. SEE 법칙을 적용하는 거다!

다음 위치에서는 냉장고 문에 당신의 모든 할 일을 **우선순위**대로 적어두는 것을 상상하라. 지워지지 않는 펜을 이용해서 우선순위 목록이 냉장고 문에 영원히 저장되는 것을 생각하라.

다음으로 건강한 보디빌더가 사과 파이를 만들어서 오븐에 넣는 모습을 상상하라. 사과는 **건강**을 떠올리게 하는 음식이다.

자, 세탁기에는 무엇이 있었는가? 냉장고에는? 오븐에는?

이제 TV 방으로 가보자. 여기서 첫 번째 위치는 의자이다. **가족** 모두가 의자 위에서 펄쩍펄쩍 뛰는 것을 상상하라. 이미지가 비논리적이면 비논리적일수록 머리에 오래 남는다.

두 번째 위치는 TV이다. **생각**이 TV에서 거품처럼 흘러나오는 것을 상상하라. 왜냐하면 이것은 생각 기계이기 때문이다. TV는 우리의 생각에 영향을 미친다.

이 방의 마지막 위치는 실내 자전거이다. (헌신을 상기할 수 있게) 실내 자전거를 말끔하게 싹싹 닦아주는 것을 상상하자. 자전거를 타겠다는 것은 **헌신**적인 태도이기도 하다.

침실에서 첫 번째 위치는 거울이다. 여기서는 돈이 거울에서 튀어나오는 것을 상상하라. **재정**은 당신의 생산성을 비추는 거울이다.

당신에게 믿음이 무엇을 의미하든, 그것을 장롱 안에 넣어라. 선반이나 옷걸이에 전부 다 **믿음**을 걸어놔라.

우리의 기억 여행에 놓으려는 다음 단어는 **관계**이고, 위치는 침대이다. 침대 하면 떠오르는 당신만의 이미지를 여기 놓아라.

마지막 방은 욕실이다. 욕조에서 지니가 튀어나와서 당신의 소원을 들어주는 모습을 떠올려라. 지니가 소원을 들어주는 것은 **관대함**을 연상시킨다.

샤워기는 금으로 만들어져 있다고 상상하라. 샤워기

꼭지를 틀었더니 금이 쏟아져 나오는 모습도 좋다. 금은 가격이 높고, 이것은 **가치**를 상징한다.

마지막 장소인 변기에서는 **성장**을 뜻하는 나무가 자라나오는 것을 상상하라.

각 장소와 연결된 단어는 무엇일까?

방 1 - 부엌

세탁기

냉장고　　　오븐

방 2 - TV 방

의자

실내 자전거

TV

방 3 - 침실

거울

침대

장롱

방 4 - 욕실

욕조

변기

샤워기

훌륭하다. 이것이 당신의 첫 번째 기억 경로 또는 기억 여행이고, 완벽한 기억력을 가질 수 있는 가능성을 당신에게 열어줄 것이다. 당신은 존 맥스웰의 책『오늘을 사는 원칙』에 나오는 12개의 원칙을 배웠고, 그것은 집을 한 바퀴 쭉 돌아보는 것만큼이나 쉽다. 이 단어들을 제대로 연결시켜놓았다면 전부 다 기억할 수 있을 것이다. 몇 차례 다시 살펴보고 나면 매일 집중해야 할 12가지 원칙을 모두 외울 수 있다. 주변의 환경을 이용하면 더 좋은 결과를 얻을 수 있을 것이다. 당신이 장소 배치를 훨씬 잘 아는 곳이기 때문이다.

목록을 거꾸로 보아도 여전히 그것들이 그 자리에 있음을 알아챌 수 있을 것이다. 거꾸로 살펴봄으로써 기억 속에서 이미지를 더 명확하게 만들 수 있다. 명확한 이미지를 만들어 기억 경로에 놓아두면 목록을 기억하기가 아주 쉬워진다. 이 방법은 큰 그림을 보고 다시 세세하게 파고들어가는 데에도 도움이 된다. 또한 개념이 생생하게 살아나고 구체적이 된다. 언제나 경험한 것을 머릿속에 새기는 것이 더 쉽다. 생각한 것을 기억하기 때문이다.

당신이 배운 이 정보에 대해 생각해보고,『오늘을 사는 원칙』을 사서 매일매일 작은 변화를 일으키는 데 집중하고, 그에 따라 살아야 한다는 것을 상기하라.

이 여행 기억법, 경로 기억법은 당신에게 무엇이 가능한지를 보여준다. 대단한 기억력을 가진 사람이라면 누구나 이 기억법을 다른 어떤 방법보다 많이 쓴다. 이 방법은 수천 개의 저장 공간을 만들 수 있기 때문에 굉장히 효과적이다. 당신이 얼마나 많은 표지를 만들 수 있을지 한번 생각해보라. 우리 모두 여행에 관해서는 뛰어난 기억력을 갖고 있다. 당신은 평생 수많은 장소를 가보았다. 건축물, 박물관, 학교, 쇼핑센터 등 당신이 아는 거의 모든 장소를 활용할 수 있다. 내가 잘 알고 내게 중요한 장소, 다양한 많은 것이 있는 장소를 골라라. 경로는 원하는 만큼 길게 만들어도 된다. 당신이 배우는 주제가 뭐든 그에 관한 장소나 경로를 만들 수 있다. 재미있어야 한다는 것을 명심하라!

이 기억 체계는 당신이 공부하는 방식을 완전히 바꿔놓을 것이다. 유일하게 노력해야 하는 것은 이미지를 만들고 친숙한 정신적 여행 경로에 놔두는 기술을 향상시키는 것뿐이다. 하다 보면 커닝을 하는 것 같은 기분이 들 수도 있다. 머릿속에 커닝 페이퍼나 자막 화면을 넣어놓은 것과 비슷하기 때문이다. 여행 경로는 종이와 같고 이미지는 잉

크와 같다. 상상력은 친숙한 여행길에 어떤 정보든 저장시킬 수 있다. 이 기억법은 당신의 삶을 바꿀 것이다!

어떤 종류의 정보든 이 방법을 사용해 기억할 수 있다. 나는 이 방법으로 의대생, 법대생, 조종사, 경영자, 재계 관계자들이 온갖 정보를 기억하도록 도와주었다. 이 방법으로 파이의 처음 1만 자리도 외웠다. 내 친구인 의학박사 입 스위 취(Yip Swee Chooi)는 이 방법으로 1,774페이지에 달하는 옥스퍼드 사전 전체를 단어 하나하나까지 다 외웠다. 시간만 들이면 누구든 무한한 양의 정보를 저장할 수 있다. 이렇게 말하는 사람도 있을 것이다. "공간이 꽉 찰 것 같은 데요." 내가 트럭에 물건을 가득 싣고 와서 그 트럭을 쇼핑몰에 놔두라고 하면 할 수 있을까? 가능할 것이다. 찾아보면 사용되기만을 기다리는 장소가 당신의 머릿속에 수천 군데는 있다. 이 기억 체계에는 한계가 없다. 당신의 생각에 한계가 있을 뿐이다.

중요한 것은 연습이다.
연습을 많이 하면 할수록 실력이 더 나아질 것이다.

10장
연결 고리를 만들면 힘이 세진다
_ 이야기 연결법

"어떤 기억도 따로 존재하지 않는다.
기억이란 각각 또 다른 연관 기억을 갖고 있는
기억들로 이루어진
수많은 경로의 끝에 자리하고 있다."

— 루이 라무르(Louis L'Amour)

앞 장에서 정보에 생명을 부여하고, 장기 기억 저장 체계에 저장하는 법을 익혔다. 이번 장에서는 더 많은 생각을 하나로 연결시키는 법을 배울 것이다. 이것은 집중력과 상상력, 개념을 연상시키는 능력을 강화하는 방법이다. 정신은 연상 기계이고, 한계가 없다.

종종 사람들은 이렇게 말한다. "엥? 연상을 통해서 배운다고요?" 답을 하자면, 우리는 오로지 연상을 통해서만 배울 수 있다. 배운다는 것은 새로운 정보를 오래된 정보에 연결시키는 것이다. 다른 방법은 없다. 아는 것과 모르는 것 사이에 관계를 만들어주어야 한다. 더 많은 것을 알면 알수록 더 많은 정보를 연결시키고 더 많은 것을 배우기가 쉬워진다.

이제 이 방법을 써보기 위해서 함께 목록을 외워보자. 좀 바보처럼 느껴질지도 모르지만 그래도 그냥 따라 하다 보면 이해하게 될 것이다. 이 이야기는 내가 설명하는 것보다 당사자가 머릿속으로 살펴보는 것이 훨씬 빠르다. 이것을 읽고 SEE 법칙을 써서 기억하라.

우선 당신이 **워싱**된 청바지를 **터는** 모습을 상상하라. 이것을 머릿속으로 뚜렷하게 그려야 한다. 워싱 청바지를 털고 있는데 갑자기 성경의 **아담**이 사과를 들고 나타난다. 아담은 이브를 가리키며 당신에게 "사과나무를 **쟤가 파손**했어."라고 말한다. 이브는 **매디슨** 카운티의 다리로 가서 메릴린 **먼로**와 만나고, **아담**도 그들에게 합류한다. 마이클 **잭슨**은 세 사람이 함께 있는 것을 보고 그들을 자신의 **밴**에 태우고 속눈썹을 **뷰러**로 올린다. **해리슨** 포드가 손을 흔들며 자신도 태워달라고 외치고, 마이클 잭슨은 그를 무시하고 달려가다가 **타일** 벽에 충돌한다. 타일이 떨어진 자리에서 커다란 대형 **포크**가 나와서 잠을 깨웠다고 성을 내고, 모두가 포크를 붙잡아 트럭에 **태우려** 한다.

이제 이야기와 그 안에 있는 핵심 단어들을 기억해보자. 다 외우지 못했다면 다시 한번 읽고 연결 고리를 더 강하게 만들어라. 거꾸로 외울 수 있는지도 확인하라.

당신이 방금 외운 것은 초대부터 12대까지 역대 미국 대통령의 이름이다. 생각을 계속해서 연결시키면 44명의 대통령 이름을 전부 외울 수도 있다. 목록을 떠올리는데 문제가 있으면 좀 더 두드러지게 만들고 연결 고리를 명확하게 하라.

초대부터 12대까지의 대통령 명단은 다음과 같다.

1. **워싱** 청바지를 **턴다 - 워싱턴**

2. **아담 - 애덤스**

3. **재가 파손**했어 **- 제퍼슨**(발음이 비슷하다)

4. **매디슨** 카운티 **- 매디슨**

5. 메릴린 **먼로 - 먼로**

6. **아담 - 애덤스**

7. 마이클 **잭슨 - 잭슨**

8. **밴**에서 **뷰러 - 밴 뷰런**

9. **해리슨** 포드 **- 해리슨**

10. **타일 - 타일러**

11. 대형 **포크 - 포크**

12. **태우려** 한다 **- 테일러**(발음이 비슷하다)

머릿속에 목록을 저장했으면 이제 이것을 앞뒤로 몇 차례 살피면서 전부 다 잘 들어 있는지 확인하라. 목록에 더 많은 정보를 연결시켜서 새로운 집게 목록으로 만들 수 있다. 외국어 단어와 수도 이름을 외울 때처럼 대통령에 부통령 이름을 연결시킬 수도 있다. 또한 당신이 배운 다른 기억 체계를 이용해서 연결 고리를 만들거나 이야기를 이을 수 있을 것이다. 자동차 기억법이나 신체 기억법, 집게법, 여행 기억법에서 특정 위치나 장소에 하나 이상의 개념을 연결시킬 수도 있다. 이렇게 짧은 정신적 여행에 연결 고리를 이어줌으로써 수천 개의 단어나 개념을 기억할 수 있다.

이 방법이 강력한 이유는 정보를 두드러지게 만들고자 창의력과 상상력을 더 많이 동원함으로써 흥미와 호기심을 자극하고 집중력을 최고조로 높이기 때문이다. 각 단어는 다음 단어를 상기시키므로, **나만의 연결 고리**를 만들면 한 번에 두 개씩 외울 수 있다. 또한 이 방법을 활용해 정보를 문단 단위로 외울 수도 있다. 당신이 할 일은 모든 것을 핵심 단어 목록으로 축약한 다음 이 목록을 의미 있는 연결 고리 일화로 바꾸는 것뿐이다. 강의계획서나 책 전체를 우스꽝스러운 이야기로 응축할 수도 있다. 그렇게 하면 외우기 쉽고, 훌륭한 정신 훈련이 될 뿐만 아니라 재미도 있다!

11장
이름 인식 장애 탈출하기

_이름 기억법

"이름은 그 사람에게 그 어떤 말보다
가장 근사하고 가장 중요한 소리임을 명심하라."

— 데일 카네기(Dale Carnegie)

이름을 기억함에 있어서 기억력의 좋고 나쁨은 없다. 그저 전략의 문제일 뿐이다. 이 장에서는 이름을 기억하는 능력에 엄청난 차이를 만드는 전략을 배울 것이다. 오늘 당장 이 기술을 향상시키기 위해서 전념하라. 여러 가지 이득을 주고 수많은 당혹스러운 상황에서 당신을 구해줄 수 있는 건 노력뿐이다.

3장에서 부정적 자성예언으로 인한 순환 고리를 제시한 바 있다. 이름을 기억하는 능력이 한정되어 있다는 믿음을 당장 버리고 당신에게 도움이 되는 전략을 찾는 데 집중하라. 이름과 그 이름에 따라 사람들에게 특징을 부여하는 방법에 주목하라.

어떤 사람이 당신을 만나 다음 주까지 자신의 이름을 기억하면 백만 달러를 주겠다고 말했다고 하자. 그러면 이름을 외울 수 있을까? 당연히 외울 것이다. 우리 모두 이름을 기억해야 할 이유가 있으면 잘 해낼 수 있다.

내가 알려주려는 방법은 수 세기 동안 사용된 것이다. 이 방법을 쓰기 위해서는 생각하는 방식을 바꾸고 당신의 뛰어난 연상 능력을 사용해야 한다. 이름을 외우기 위해 연상 방법을 사용해봤지만 아무 소용이 없었다고 말하는 사람도 있는데, 연습을 하지 않았는데 무슨 소용이 있겠는

가. 인생에서 연습하지 않고 이루어지는 것이 있던가.

기억력 챔피언이라면 누구나 연상 방법을 사용해서 30분 안에 수백 개의 이름을 쉽게 외울 수 있다. 당신도 그들의 전략을 따라 하면 똑같은 결과를 얻을 수 있을 것이다. 하지만 따라 해보지 않으면 아무것도 얻을 수 없다.

훈련되지 않은 기억력은 별로 믿음직하지 못하다. 보통 사람들은 이름이 알아서 머릿속에 남기를 바라며 기억력을 운에 맡긴다. 내가 알려주려는 전략은 분명 효과가 있을 테니, 한번 해보라.

먼저, 기억력의 달인처럼 이름을 외우고 싶으면 4개의 C에 집중해야 한다.

1. 집중하라(Concentrate)

자신과 이름이 같은 사람을 만나면 그 사람의 이름을 기억할 수 있는가? 당연히 그럴 것이다. 그 이름에 관심이 있고, 늘 듣는 이름일 뿐 아니라 집중력이 최고조에 이를 테니까. 그 이름은 의미가 있을 뿐 아니라 자기 자신과도 바로 연결된다. 당신이 만나는 모든 사람에게 이 기본적인 전략을 적용하면, 이름을 기억할 수 있을까? 물론 그럴 것이다. 그 이름에 관심이 있고, 항상 듣는 이름이며, 당신의 집중력이 최고조에 있으니까. 그 이름은 당신에게 의미가 있고, 또한 당신 자신과 연결된다. 만나는 사람마다 이 기본적인 전략을 적용하면 이름을 기억하지 못할 사람이 없을 것이다.

대체로 사람들은 처음 자신을 소개할 때 아무도 알아듣지 못할 만큼 빠르게 이름을 말한다. 소개를 받을 때에는 당신이 주도권을 쥐고서 제대로 이름을 듣기 위해 상대의 속도를 늦춰야 한다. 귀에 손을 대고 이름을 귀담아 듣고, 이름을 외우는 것을 중요한 일로 삼아라.

올리버 웬델 홈스(Oliver Wendel Holmes)는 이렇게 말했다. "사람은 정보를 얻어야만 잊어버릴 수 있다." 먼저 이름을 제대로 들어야 한다. 귀를 기울이지 않으면 절대로 기억할 수 없다. 우선은 정보를 기억 속에 집어넣어야 한다. 이름을 듣고서 바로 상대방에게 다시 한번 반복해서 말하면 나중에 상기할 때 도움이 된다. 이름을 듣지 못했다면 다시한번 말해달라고 부탁하라. 어려운 이름이라면 써달라고 하는 것도 좋다.

잘 듣고 상대방의 이름에 진정으로 관심을 가져라.

우리는 보통 흥미로운 것에 너무 신경을 쓰느라 정작 관심을 가지는 것을 잊곤 한다. 관심이 생기면 이름이 듣고 싶어진다. 내가 아니라 상대의 관점에서 이야기를 듣는 법을 익혀라. 그것은 이름 기억력을 제고할 뿐 아니라 당신의 사회적 지능도 높여준다.

2. 창의력을 발휘하라(Create)

머릿속으로 이름에 대한 이미지를 만들면 나중에 다시 떠올리기가 훨씬 쉽다.

사람들이 "얼굴은 알겠는데 이름이 기억이 안 나."라고 말하는 걸 들은 적이 있는가? 하지만 "얼굴이 알 듯 말 듯한데."라는 말은 한 번도 들은 적이 없을 것이다. 얼굴은 머릿속에서 이미지가 되기 때문에 기억하기가 쉽다. 하지만 이름은 청각적 기억이나 작은 목소리를 통해 외우려고 하기 때문에 대체로 '고정'이 되지 않는다. 청각을 시각에 덧붙이려 하는 것은 어불성설이다. 고정되지도 않을뿐더러 청각 기억은 시각 기억만큼 견고하지 않다.

기억을 유지하기 위해서는 이름에서 이미지를 만들어내야 한다. 대통령 명단을 외울 때 이름에서 어떻게 이미지를 만들어냈는지 기억하는가? 이름에 의미를 부여하면 기억을 더 오래 유지할 수 있다.

　　이름을 머릿속에 넣은 다음 아무것도 하지 않으면 결국 사라지고 다시 찾을 수 없게 된다. 왜냐하면 작업 기억 (Work Memory)은 정보를 저장하지 않기 때문이다. 그러니까 정보를 저장하기 위해서는 단기와 장기 기억의 도움이 필요하다. 이름을 기억하기 위해서는 그 이름에 대해서 정말로 생각을 해야 한다. **생각한 것만 기억할 수 있기 때문이다.**

　　누군가를 소개받으면 이름을 생각하고 연상할 수 있는 시간이 20초 남짓밖에 없다. 이 20초 안에 뭔가 하지 않으면 이름은 영영 사라진다. 이름에 더 많은 연결 고리를 만들고 의미를 부여할수록 더 오래 '고정'된다.

　　베이커나 크루즈, 가드너 같은 몇 가지 이름은 자연스럽게 이미지가 떠오른다. 내 성은 호슬리니까 말을 뜻하는 영단어인 **호스**(horse)와 브루스 **리**(Bruce lee)를 떠올릴 수 있을 것이다. 이름인 케빈은 〈나 홀로 집에〉의 케빈과 똑같으니까 내 이름에 이미지와 의미를 부여하는 것은 어렵지 않다. 다른 이름들은 좀 더 어려울 수 있지만, 적당히 창의력을 발휘하면 어떤 이름이든 의미를 부여해서 이미지로 바꿀 수 있다.

3. 연결하라(Connect)

모든 학습은 아는 것과 모르는 것 사이에 관계를 만드는 것임을 기억하라. 당신은 이미 얼굴을 알고 있으니까 아는 얼굴에 모르는 이름을 연결시키기만 하면 된다. 상대방의 얼굴이 당신의 의식 속에 이름이 떠오르게 만드는 계기나 집게 역할을 하는 것이다.

지금부터 연결 고리를 만들 수 있는 몇 가지 방법을 소개하겠다. 여기서 배울 방법은 설명하기는 어렵지만 사용하기는 굉장히 쉽다.

비교 연결법

새로 만난 사람을 이미 알고 있는 이름에 연결시키는 방법이다. 조지라는 이름의 사람을 만났다고 해보자. 이 이름을 오래 기억하기 위해서 같은 이름을 가진 이미 아는 다른 사람을 떠올리는 것이다. 조지라는 이름을 가진 다른 사람을 아는가? 그런 사람이 없다면 조지 클루니 같은 동명의 유명인을 떠올려도 된다.

이제 머릿속으로 할 일은 두 사람을 비교하는 것뿐이다. 내가 만나고 있는 조지의 머리는 무슨 색이지? 다른 조지의 머리 색깔은? 이런 특징을 하나하나 비교함으로써 당신은 이전보다 더 많은 주의를 기울이게 되고, 그래서 더욱 강한 연결점을 만들 수 있다.

가능한 한 많은 특징을 비교할수록 주의를 집중하게 되고, 완벽한 기억을 위한 장기적 인상을 얻게 될 것이다. 방법도 아주 간단하다. 머릿속에서 두 개의 얼굴을 비교하기만 하면 기억이 떠오를 것이다. 머리가 두 개 있는 사람을 상상하면 기억을 보다 강화할 수 있다. 새로 만난 사람과 같은 이름을 가진 이미 아는 사람, 이렇게 두 사람의 얼굴이 몸 하나에 달려 있는 것이다.

나는 이 방법을 좋아한다. 새로운 사람을 기억하는 동시에 다른 이름을 더 확실히 기억하는 데도 도움이 되기 때문이다. 이 방법을 쓰면 몇 초면 상대의 이름을 영원히 외울 수 있다. 장기적으로 기억하는 이름을 이용해서 단기적으로 새로운 이름을 기억하는 데에 이 기억 원칙을 사용한다.

어떤 사람들은 비교할 만한 비슷한 이름이 없으면 어떻게 해야 되느냐고 묻는다. 그럴 경우 지금부터 알려줄 다른 방법을 사용하면 된다. 당신에게 가장 잘 맞는 방법을 찾아라.

얼굴 연결법

이 방법은 그 사람의 얼굴에서 눈에 띄는 특징과 이름을 연결시키는 것이다. 모든 얼굴은 저마다 개성이 있고 두드러지는 특징이 있다. 예를 하나 들어보겠다. 당신이 어떤 여성을 소개받았는데 그녀의 얼굴에서 가장 먼저 눈에 들어온 것이 또렷한 파란 눈이라고 하자. 그러면 그것이 그녀의 특징이 된다. 그녀가 당신에게 이름을 말하면, 그 이름을 저장할 위치를 갖게 되는 것이다. 그녀의 이름이 재니스라면, 그 이름에 대한 이미지를 만들어라. 재니스는 '**체인 있어**'와 발음이 비슷하다. 그러면 두 가지를 연결해서 그녀의 파란 눈에서 체인이 길게 나오는 것을 상상할 수 있다.

또 다른 예를 들어보겠다. 어떤 남자를 만났는데 코가 아주 크고 이름이 피터이다. 이름을 이미지로 바꿔보라. '**피**가 **터**진다'라고 생각해볼 수도 있을 것이다. 그리고 그의 코에서 코피가 터지는 모습으로 재빨리 연결시켜라. 우스꽝스러운 연상 이미지를 만들면 얼굴과 이름을 쉽게 연결시킬 수 있다.

이 방법으로 머릿속에서 어떤 이미지를 만들었는지 누구에게도 말하지 마라. 이것은 사적인 것이고, 사람에 따라서는 모욕을 당했다고 느낄 수도 있다. 한번은 헤이즐이라는 여자를 만난 적이 있다. 자기 이름을 어떻게 기억했느냐고 물어서, 나는 사실대로 말해주었다. 큰 실수였다. 헤이즐넛을 생각했다고 말했는데, 그녀는 별로 좋아하지 않았다. 기억하라. 대부분의 사람은 자신의 이름을 좋아하고, 이름이 자기만의 독특한 브랜드라고 생각한다. 그것을 우스갯거리로 만들면 그 사람 자체를 우스갯거리로 만드는 셈이 된다.

얼굴 연결법에 관련해 사람들이 자주 묻는 몇 가지 질문이 있다.

"네 사람을 만났는데 다들 코가 두드러지게 눈에 띄면 어떻게 하죠?"

두드러진 특징을 찾는 것은 그 무엇보다 상대의 얼굴에 집중하는 데 도움이 된다. 대부분은 새로운 사람을 만날 때 그 사람을 제대로 쳐다보지 않는다. 그러니까 특징이란 실은 얼굴에 관심을 집중하고 연결점을 만들기 위한 것이다. 나는 이 방법을 사용해서 30분 동안 100개가 넘는 이름을 외우는 시연을 한 적이 있다. 100명의 사람을 만나면 같은 특징을 가진 사람도 있게 마련이지만, 놀랍게도 전혀 헷갈리지 않았다.

페이스북에서 이 방법을 연습해보라. 거기에는 연습 상대로 삼을 만한 얼굴이 수백만 개쯤 있으니까.

"이름을 그 사람이 입은 옷과 연결시켜도 될까요?"

물론이다. 하지만 그 사람의 얼굴도 함께 봐야만 한다. 옷은 갈아입을 수 있지만, 얼굴은 독특한 것이고 거의 바뀌지 않기 때문이다.

"그 사람의 이름을 머릿속에서 이미지로 만들기가 어려우면 어떡하죠?"

상대방의 이름을 그 사람의 이마에 쓰는 것을 상상하라. 커다랗고 두툼한 빨간색 펜을 이용해서 써야 한다. 모든 것은 창의력에 달렸다.

머릿속에서 이름을 창의적으로 만들 수 있다면, 얼굴을 기억하는 것만큼 쉽게 이름도 기억할 수 있을 것이다.

만난 장소 연결법

우리는 누군가를 처음 만날 때 그 사람과 만난 장소도 함께 기억하는 경향이 있다. 장소는 선명한 기억을 남기지만, 이름은 도무지 떠오르지 않는다!

이 방법은 그 사람을 만난 장소와 이름을 연결시키는 것이다. 여행 집게법을 이용해서 이름을 고정시킬 것이다. 로즈라는 이름의 여자를 만났다고 가정해보자. 스스로에게 이렇게 물어라. "이 여자를 만났던 장소에 관해서 뭐가 기억나지?" 만약에 뷔페 테이블이 기억난다면 테이블에 커다란 빨간 장미가 함께 있는 모습으로 연결시켜라. 그러면 이 장소를 떠올릴 때 그 여자의 이름도 함께 떠오를 것이다.

4. 계속해서 사용하라(Continuous Use)

이름을 듣는 데 집중하고, 의미 있게 만들어 이름과 그 사람을 연결시키면, 단기적으로 이름을 기억할 수 있게 된다. 하지만 이름이 당신의 기억 속에 영원히 자리 잡게 만들기 위해서는 계속해서 그 이름을 사용해야 한다.

이름에 대해서 이야기하라. 외국 이름이라면 상대방에게 무슨 뜻인지, 철자는 어떻게 쓰는지 물어보라. 또한 대화에서 이름을 언급하라. 이름을 더 많이 말할수록 작업 기억에 덜 의지하게 되며, 점차 그 이름이 저장될 것이다.

머릿속으로 스스로에게 물어라. "그 사람 이름이 뭐였지?" 답이 떠오르면 다시 물어라. "그 이름이 맞아?" 그날 하루 종일 또는 저녁 내내 연상 작용을 강화시켜라.

이름을 다시 한번 떠올려라. 당신의 일기장에, 컴퓨터나 휴대전화에 기억하고 싶은 사람들의 이름 폴더를 만들어라. 기억하고 싶은 사람들을 소셜 네트워킹 사이트에 초대해서 이름을 다시 볼 수 있게 하라. 장기 기억 속에 그 이름들을 저장하기 위해서 이름을 자주 살펴라. 이름이 무엇인지, 그 사람을 어디서 만났는지 되물어라. 자주 목록을 살피다 보면 차츰 거대한 이름 기억 파일 시스템을 갖게 될 것이고, 다시는 이름을 잊어버리는 일이 없을 것이다.

이 방법을 쓰면 한 번의 모임에서 수백 명까지 이름을 기억할 수 있다. 이것은 전부 당신의 주목도를 향상시키기 위해서 만들어진 방법이다. 당신이 상대를 기억하면 그 사람도 당신을 기억하게 되기 때문이다.

12장
숫자 암기의 달인 되기
_숫자 암호법

"글자 목록을 한데 묶으면
이미지나 감정, 사람 등 뭔가를 의미하는 단어가 된다.
숫자 몇 개를 한데 묶으면,
음, 또 다른 숫자가 된다."

— 도미닉 오브라이언(Dominic O'Brien)

숫자는 우리 삶의 중요한 일부가 되었지만, 아무도 이것을 어떻게 외워야 하는지 알려준 적이 없다.

외부 기억 장치를 사용해서 숫자를 외울 수도 있고, 당신의 뇌를 아웃소싱할 수도 있다. 하지만 사업을 하는 데 있어 사실과 수치들을 '외부 두뇌'나 메모 없이도 떠올릴 수 있다면, 믿음직스럽고 확실해 보일 것이다. 사실과 수치를 외우면 기억력에 자신감이 생기고, 정신적으로 강해진다. 이것은 마치 두뇌를 위한 헬스 같은 것이다.

보통 사람들은 숫자의 경우 앞에서부터 일곱 자리까지, 거꾸로는 네 자리나 다섯 자리까지만 외울 수 있다. 하지만 훈련된 기억력을 가졌다면 한계는 없다. 나는 20초 안에 50자리의 무작위적인 숫자를 외울 수 있고 45초 동안에는 100자리까지 외울 수 있다. 나는 이 분야에서 모든 한계를 넘어서는 숫자 기억력에 도달했다.

어떤 사람이든 전략만 알면 똑같은 결과를 낼 수 있다. 기억법을 연습하고 당신의 기억력을 향상시키는 데 자부심을 갖는다면 당신도 이 '초인적인 힘'을 개발할 수 있다. 많은 사람은 계속적인 반복 학습을 통해 필사적으로 숫자를 기억하려고 한다. 그들은 기억력을 향상시키기 위해서 항상 하던 일을 하고 또 한다.

죽어라 연습만 한다고 나아지는 것이 아니다. 나쁜 습관을 반복하면 더 나빠지기만 할 뿐이다. 당신에게는 새로운 방법이 필요하다. 작은 숫자를 외우기 위해서는 '숫자 모양 기억법(The Number Shape Method)'을 사용해도 되지만, 지금부터 보여주려는 방법은 훨씬 더 많은 가능성과 적용 분야를 갖고 있다.

어느 쪽이 더 외우기 쉬운가?

1. 미국 대통령 후보
2. 34729401215721110

당연히 '미국 대통령 후보'일 것이다. 이해하기가 더 쉽기 때문이다. 한번 읽자마자 외워질 것이다. 여기에는 의미가 있고 머릿속으로 시각적 이미지도 쉽게 만들어진다. 숫자는 의미가 없고, 외우기도 상당히 어렵다. 그러니까 숫자를 외우기 위해서는 거기에 더 많은 의미를 부여해야 한다.

기억력의 달인들이 쓰는 방법은 다양하지만, 대부분 숫자를 단어로, 그다음에 이미지로 바꾸는 방법을 사용한다.

　우리는 숫자를 모양으로 바꾼 다음 글자로 만들 것이다. 그리고 그 글자를 단어로 바꿀 것이다. 이 시스템은 꽤 수고로울 것 같지만, 암호만 만들어놓으면 숫자를 외우는 과정은 아주 쉽다. 암호가 거의 다 외워주는 셈이다. 암호라는 새로운 언어에 마음을 열어라. 또한 암호는 언어적, 숫자적 지능을 한꺼번에 연습할 수 있는 훌륭한 방법이기도 하다.

　우선 숫자 암호부터 배워보자. 이 과정을 따라 하기만 해도 금방 다 이해하게 될 것이다. 우선은 **모음**부터 시작하자. 모음에는 값이 없다. 모음은 빈자리를 채워주는 역할을 할 뿐이다. **ㄴ, ㅊ, ㅋ, ㅍ**도 빈자리를 채워주는 역할로 값이 없다. 우선은 이것을 기억하라.

이제 다음 글자에서 숫자를 찾아보자.

0은 ㅇ (이응)이다. ㅇ은 숫자 0과 모양이 비슷하다.

1은 ㄱ으로 표현할 수 있다.

2는 ㄹ이 된다.

3은 ㅌ이 된다.

만약 토굴이라는 단어를 만든다면, 숫자는 얼마가

될까?

ㅌ: **3**, ㅗ: 없음, ㄱ: **1**, ㅜ: 없음, ㄹ: **2**.

숫자는 **312**가 된다.

301로 어떤 단어를 만들 수 있을까?

3: ㅌ, 0: ㅇ, 1: ㄱ이다. ㅌ, ㅇ, ㄱ이라는 자음이 들어
간 단어를 만들 수 있다. 여기에 적당한 모음을 넣으면 **탱
고**나 **타악** 같은 단어를 만들 수 있다.

이는 새로운 숫자 언어를 배우는 것과 비슷하다.

4는 ㅅ이다.

5는 ㄷ이 된다.

6은 ㅂ으로 표현할 수 있다.

654로 어떤 단어를 만들 수 있을까?

베드신.

7은 ㅈ이다.

8은 ㅎ이다.

9는 ㅁ으로 표현할 수 있다.

지하라고 하면 어떤 숫자일까?

78.

숫자 98로 어떤 단어를 만들 수 있을까?

만화.

이제 다음 숫자를 외우는 것이 단어를 외우는 것만큼 쉬워질 것이다.

911 53020 86
미국 대통령 후보

숫자를 외우는 데 이것을 어떻게 이용해야 할지 알겠는가?

당신은 이렇게 말할지도 모르겠다. "하지만 이제는 숫자와 단어까지 다 외워야 하잖아요." 아니, 이것은 읽는 법을 배우는 것과 비슷하다. 처음에는 정보를 암호화하기 위해서 굉장한 노력을 기울여야 하지만, 점차 쉬워진다. 숫자 007을 생각해보라. 당신은 즉시 제임스 본드를 떠올릴 것이다. 우리는 이와 같은 경험을 당신이 외우고 싶은 모든 숫자에 적용하려는 것이다. 구체적인 정보를 쉽게 외우기 때문에, 당신이 뭘 더 외울 필요가 없다. 단지 더 외우기 쉽게 만들려는 것뿐이다.

익히는 데 약간 시간은 걸리겠지만, 한번 익혀두면 영원히 갖게 되는 기술이다.

지금부터는 당신에게 1부터 100까지 각 단어에 맞는
단어 목록을 알려주겠다.

00. 아이

01. 아가

02. 오리

03. 오티

04. 옷

05. 어디

06. 입

07. 여자

08. 아하

09. 이마

10. 강

11. 국

12. 길

13. 기타

14. 가수

15. 구두

16. **과부**

17. 기자

18. 고흐

19. 가마

20. 라인

21. 록

22. 칠레

23. 루트

24. 로션

25. 리더

26. 루비

27. 로즈

28. 프라하

29. 로마

30. 통

31. 토기

32. 타로

33. 텐트

34. 투수

35. 태도

36. 톱

37. 타조

38. 투하

39. 태만

40. 시인

41. 사과

42. 소라

43. 스튜

44. 산새

45. 순대

46. 선비

47. 사자

48. 산호

49. 세모

50. 두유

51. 대구

52. 다리

53. 다트

54. 도사

55. 단도

56. 두부

57. 돼지

58. 대화

59. 대문

60. 방

61. 베개

62. 발

63. 보트

64. 분수

65. 바다

66. 바보

67. 부자

68. 바흐

69. 밤

70. 주인

71. 지게

72. 자루

73. 전투

74. 자수

75. 자두

76. 전보

77. 자재

78. 지하

79. 잠

80. 하인

81. 화가

82. 호리

83. 화투

84. 하산

85. 호두

86. 화보

87. 호주

88. 하하

89. 하마

90. 미아

91. 메기

92. 머리

93. 마트

94. 무사

95. 무대

96. 마부

97. 모자

98. 만화

99. 매미

100. 강의

위의 단어 중 마음에 안 드는 것이 있으면 자신만의 단어를 넣어라.

이 방법은 숫자를 외울 때 쓸 수 있을 뿐만 아니라 아주 효과적인 거대 집게 기억 체계로 사용할 수도 있다.

이 집게 목록은 그 자체로 외울 수 있다. 하루에 10개씩 외워라. 당신이 10부터 15까지 외우고 싶다고 해보자. 10의 단어는 강이다. 머릿속에 강의 뚜렷한 이미지를 그려라. 11은 숫자 1과 1을 생각하면, ㄱ과 ㄱ이다. 적당한 모음을 넣으면 국을 만들 수 있다. 이것도 머릿속에 뚜렷하게 떠올려보라. 15에서는 구두라는 단어를 만들 수 있다.

이 기억법을 알면 여러 가지 장점이 있다. 100개의 정보를 쉽게, 순서대로 익히는 데 이 방법을 쓸 수 있다. 이 숫자들을 한번 알아두면 어떤 숫자든 외울 수 있고 한계가 없다. 각 숫자들이 이미지를 나타내기 때문에 숫자를 머릿속에 저장할 수 있고 당신이 원하는 만큼 많은 숫자를 기억하기 위한 시스템 안에 집어넣을 수 있다.

나는 이 방법을 운동 경기와 스포츠 통계치, 주식 가격 등 숫자와 관련된 모든 핵심 정보를 외우는 데 사용한다. 이 방법은 역사적으로 중요한 연도를 외우는 데에도 유용하다. 나는 연도 외우는 것을 좋아한다. 역사적 사건들을 연대표에 연결시키는 것이기 때문이다. 이 정보를 한번 머릿속에 넣어두면 다른 사건들과 비교하기가 쉽다. 이 방법을 사용해서 나는 5분 안에 100개의 연도까지 외울 수 있다. 게다가 이는 당신의 생각을 모으고 정보를 더 쉽게 떠올릴 수 있게 만들어주는 방법이기도 하다.

연도를 외우는 방법은 다음과 같다.

1926 : 텔레비전이 처음 출시되었다.

나는 연도를 외울 때 마지막 세 자리만 외운다. 우리가 외워야 하는 대부분의 연도는 거의 지난 천 년 사이의 것들이기 때문이다. 926만 떼어내고 암호를 사용해서 무뢰배라는 단어를 만들어라. 이제 기억 원칙을 사용해 어떤 **무뢰배**가 텔레비전을 함부로 끄는 바람에 다시 텔레비전을 켜는 장면을 상상하면 기억법이 작동하기 시작할 것이다.

1969 : 인간이 달에 착륙했다.

달을 **모범**(969)과 연결시킬 수 있다. 인류 최초로 달에 도착해 위대한 도전의 모범을 보인 우주 여행사의 모습을 상상하라.

1901 : 노벨상이 처음 시상되었다.

노벨상의 트로피가 **미역**(901)으로 만들어졌다고 상상해볼 수 있다.

1942 : 최초의 컴퓨터가 개발되었다.

마술(942)을 하는 사람이 짠하고 최초의 컴퓨터를 사람들에게 보여주는 모습을 상상하라.

1801 : 최초의 잠수함이 만들어졌다.

최초의 잠수함이 시험 운항을 마치고 **항구**(801)로 돌아오는 모습을 상상하라.

1784 : 최초의 신문이 출간되었다.

지하수(784) 오염에 대한 기사가 크게 실린 신문을 떠올려라.

이 숫자 기억법은 1800년대에 스타니슬라우스 밍크 폰 벤샤인(Stanislaus Mink von Wennshein)이라는 사람이 개발해서 알려준 것이다. 이 방법에는 연습이 필요하다. 이 방법이 효과가 있으려면 정말로 열심히 연습해야 한다. 그렇게만 하면 당신의 숫자 기억력에는 한계가 없어지고 지식 또한 더욱 많아질 것이다.

13장
그리고 오리고 붙이고
_ 미술 기억법

"관심의 정도는
당신이 얼마나 기억하는지의 척도이다."

— 필립 A. 보서트(Philip A. Bossert)

이 장에서는 당신에게 정보를 미술로 바꾸는 방법을 보여주려고 한다. 이 책에서 알려준 모든 방법은 그림이나 사진으로 바꾸어서 더 강화시킬 수 있다. 창의력을 이용하면 기억력을 더 많이 사용하게 된다. 이것은 아주 간단한 방법이다. 얻은 정보를 일종의 미술 형태로 바꾸기만 하면 된다. 그러면 정보는 영원히 기억된다. 이것은 당신의 관심을 붙들어 매고, 당신의 정신은 이 정보를 놓아주지 않을 것이다.

앞에서도 말했듯이 모든 단어는 글자로 그린 그림이다. 모든 단어는 이미지에서 불러낼 수 있고, 그림은 뇌에 아주 빠르게 저장된다. 이미지를 3D로 만들면 시각적 영향력이 더욱 강해진다. 실제 세상은 사물이 3D로 보이기 때문이다. 구글 이미지를 이용하거나, 일러스트레이터의 도움을 받거나, 잡지에서 사진을 잘라내거나, 끼적거리는 등의 방법으로 이미지를 만들 수 있다.

어떤 형태로든 미술은 더 많은 것을 기억하도록 도와준다. 정보에 살을 붙여 형태를 만들고, 색을 칠하거나 동작을 덧붙여도 된다. 모든 과정은 창의적으로 기억하고, 더 강하게 연관시키며, 정보와의 사적인 관련도를 높이기 위한 것이다.

구글 이미지의 힘을 빌려 기억 그림판을 만들어라. 모든 이미지를 워드나 파워포인트에 저장하고 종종 살펴보라. 그림을 보기만 하면 바로 학습이 이뤄지도록 말이다. 두 가지 예를 들어보겠다. 다음 페이지의 그림은 일러스트레이터가 그린 것이다. 하지만 연관된 그림을 구글 이미지로 찾아도 무방하다.

그림을 보고 머릿속에 얼마나 저장할 수 있는지 확인해보라. 그림을 이야기와 연결시키면 더욱 강력한 연결점을 만들 수 있을 것이다. 정보에 관해 더 깊이 생각하면 할수록 더 많이 기억할 수 있을 것이다.

다음 페이지의 그림은 우리의 뇌에서 직접 연결되는 뇌신경 12개에 관한 기억 그림판이다.

1. 후신경
2. 시신경
3. 눈돌림신경
4. 활차신경
5. 삼차신경
6. 외전신경
7. 안면신경
8. 내이신경
9. 설인신경
10. 미주신경
11. 부신경
12. 설하신경

그림은 입으로 비누방울을 **후** 하고 부는 모습(후신경)으로 시작한다. 두 번째 그림은 커다란 영문 C로 **시신경**을 상기시킨다. 세 번째 그림은 **눈**이 **빙글빙글** 돌아가는 모습이다. 이것은 **눈돌림신경**이다. 네 번째 그림은 **활**이 있는 **자동차**로 **활차신경**을 의미한다. **삼륜차**는 삼차신경을 상기시키는 도구이다. **외출복을 입은 여자가 비치는 전신거울**은 **외전신경**이다. 커다란 **얼굴**은 **안면신경**을 상징한다. **이를 보여주는 것**은 **내이신경**을 의미한다. 이 정도 이미지로 단어 전체가 생각이 안 날 것 같으면 그림을 얼마든지 덧붙여도 된다. **설인**은 **설인신경**을 뜻한다. **미국 지도**는 **미주신경**을 의미하고, **아버지**의 모습은 **부신경**을, 눈 덮인 절벽은 **눈 아래**, 즉 **설하신경**을 상기시키는 이미지이다.

이 그림들은 주된 내용을 상기하는 데 도움이 될 만한 간단한 정신적 계기 같은 것이다. 그림을 보며 연결시키고, 이미지를 고정시켜서 기억을 더 쉽고 강력하게 떠올리도록 만들 수 있다. 시도해보라!

다음의 예는 주기율표의 처음 열 개의 원소를 외우는 데 도움이 될 이미지들이다.

우선은 커다란 수소(수소) 모양을 한 헬륨 풍선(헬륨)이 있다. 풍선은 이티(리튬)의 손에 잡혀 있고, 이티가 앉아 있는 나뭇가지에는 블루베리(베릴륨)가 달려 있다. 부엉이(붕소)가 블루베리를 노리고 있고, 부엉이가 앉아 있는 나무 아래에는 석탄(탄소)이 놓여 있다. 석탄 뒤로 질병관리본부(질소)가 있고, 그 옆에 산소마스크(산소)가 있다. 산소마스크를 쓴 것은 신종플루(플루오린)에 걸린 환자이다. 마스크를 쓴 신종플루 환자 뒤로는 커다란 네온사인(네온)이 반짝거리고 있다.

그림을 다시 보고 연결 고리를 만들면 기억 속에 자리 잡게 될 것이다.

주기율표 전체를 외우고 싶다면 그림을 몇 개 더 만들어라. 그러면 전부 다 머릿속에 저장할 수 있다.

기억 그림판을 사용해서 아이들이 영어 스펠링을 외우는 것을 도와줄 수도 있다. 몇 가지 예를 들어보겠다.

비즈니스(business)는 버스(bus)가 앞창에 눈(eye, i와 발음이 같음)을 달고 곳(ness)을 향해 달리는 것이다.

디저트(dessert)에는 뱀이 둘(S가 2개)이다.

다음은 발음상 헷갈리기 쉬운 단어를 구분하는 훌륭한 방법이다.

배(pear)는 귀(ear)에서 나온다.

신발 한 켤레(pair)가 공중(air)에 날아다닌다.

어떤 정보든 그림이나 사진, 조각 등으로 표현할 수 있다. 인생에 꼭 필요한 핵심 정보를 그림으로 바꾸는 연습을 하면 머릿속에서 더 쉽게 그려질 것이다. 외우기 위해서 미술을 이용하라. 그리고 즐겨라!

창의적인 뇌를 계획과 기억에 사용하는 또 다른 훌륭한 방법은 바로 **마인드맵**(토니 부잔에 의해 상표등록이 되어 있다)이다.

> "당신의 기억 체계는
> 굉장히 빠르고 수월하게 작동해서
> 당신은 그것이 작동하는지조차 거의 깨닫지 못한다."
> ― 대니얼 T. 윌링엄

정신과 기억력의 작동을 확인할 수 있는 가장 좋은 방법 중 하나는 마인드맵이다. 마인드맵을 삶에 적용하면 생각하는 방식 자체가 바뀔 것이다. 마인드맵은 정보를 정리하고, 글로 쓰고, 더 많은 것을 머릿속에서 꺼내는 아주 강력한 방법이다.

토니 부잔은 마인드맵의 창안자로 80권 이상의 책을 썼다. 그는 1970년대 초에 이 놀라운 정신 훈련 도구를 개발했고, 이 방법은 세계에서 가장 효과적인 학습 및 생각 정리 도구 중 하나로 발전했다.

토니는 마인드맵을 '뇌를 위한 스위스 군용 나이프'라고 부른다. 마인드맵은 기억력을 증진시킬 뿐 아니라 생각하는 기술을 향상시키는 방법이다. 마인드맵은 암기, 학습, 발표, 대화, 조직화, 계획 세우기, 회의, 협상 등 모든 종류의 사고 활동에 사용할 수 있다.

마인드맵은 생각을 종이 위에 옮기는 다감각적 방법이다. 굉장히 쉽고 사용이 간편하다. 처음에는 약간의 연습이 필요하겠지만 뇌는 재미있게 하는 방법을 기억할 것이고, 당신의 삶과 공부법은 마인드맵을 알기 전과 후로 나뉠 것이다. 마인드맵은 훌륭한 정보 구축법으로, 마인드맵을 하면 큰 그림과 더불어 디테일한 부분까지 볼 수 있다. 한 줄씩 목록화해서 쓰는 단순 메모는 마인드맵만 한 유연성을 가질 수 없다.

성공적으로 마인드맵을 하기 위해서 필요한 것은 다음 세 가지뿐이다.

1. 당신의 뇌.

2. 깨끗한 종이 한 장. 크면 클수록 좋으며, 가로로 놓고 사용한다.

3. 여러 가지 색연필과 색깔 펜.

마인드맵을 설명하는 가장 좋은 방법은 뭐든 직접 마인드맵을 그려보는 것이다. 여기서는 이 책에서 당신에게 알려주었던 모든 기억법을 가지고 마인드맵을 그려보려고 한다.

어떤 마인드맵이든 종이 한가운데에서 중심 이미지로 시작한다. 이 중심 이미지는 마인드맵 전체의 주제이다. 이 중심 이미지를 '기억 체계(Systems)'라고 부르겠다. 이제 모두가 알다시피 이미지는 더 쉽게 기억하게 하고, 창의성을 더 많이 자극한다.

1단계 :

2단계 : 중심 이미지를 만들고 나면 중심 이미지에 가지를 연결해서 주제별로 나눈다. 중심 가지는 우리가 배운 모든 기억법이다.

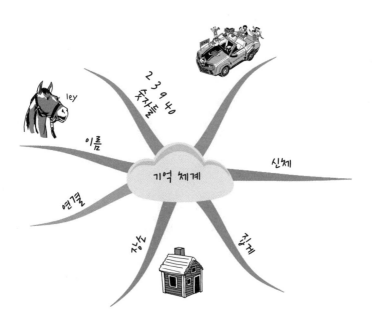

3단계 : 중심 가지를 만들고 나면 각 중심 가지에 좀 더 상세한 설명을 덧붙이기 위해서 2단계와 3단계 가지들을 연결할 수 있다.

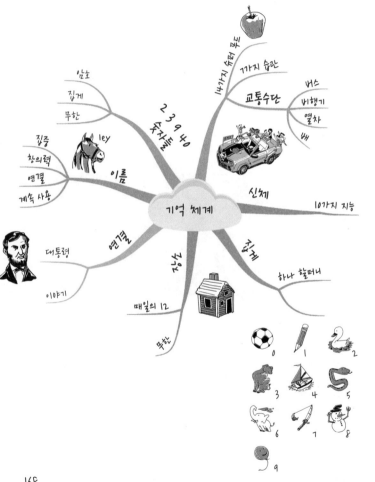

이미 있는 가지에 더 많은 가지를 덧붙여서 개념을 명확하게 만들거나 더 상세한 설명을 추가할 수 있다. 가지 하나당 한 단어만을 사용해야 한다는 걸 명심하라. 그것은 당신의 연상력이 자유롭게 피어나게 도와준다. 또한 수많은 이미지를 덧붙여야 한다는 것도 기억하라. 각각의 중심 가지는 한 가지 색만 사용해야 한다. 그러면 다른 가지나 내용과 시각적으로 구분하기가 쉽다. 마인드맵은 끝이 없다. 당신의 연상력이 언제나 기억할 거리를 더 많이 찾을 것이기 때문이다.

마인드맵은 유쾌하다. 재미가 있을뿐더러 창의적인 뇌를 사용하게 만든다. 마인드맵을 계속해나가다 보면 당신의 정신을 새로운 단계로 끌어올릴 수 있을 것이다. 창의력과 계획 능력이 향상되고, 뇌를 더 많이 개발할 수 있으며, 기억력과 관찰력도 강화된다. 완전히 새로운 분야를 배울 때에도 마인드맵을 사용할 수 있다. 대량의 정보를 요약하는 데 굉장히 효과적이며, 무슨 내용을 말하고 있는지 핵심을 파악하기에도 좋다.

다음은 내가 『성공하는 사람들의 7가지 습관』을 읽으면서 만들었던 마인드맵이다.

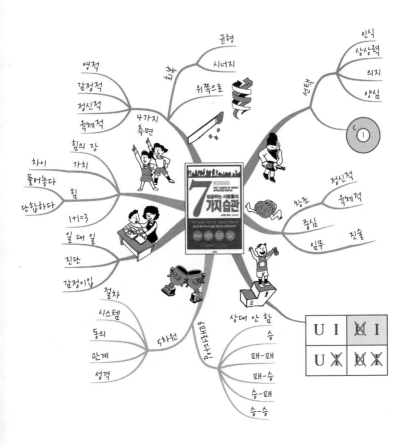

영적
감정적
정신적
육체적
4가지 측면

균형
시너지
위쪽으로

인식
상상력
의지
양심

선택

힘의 장
가치
힘
1+1=3
일 대 일
진단
감정이입

차이
풀어놓다
단합하다

정신적
육체적
창조
중심
임무
진술

절차
시스템
동의
관계
성격
5차원

상대 안 함
승
패-패
패-승
승-패
승-승

U I	X̶ I
U X̶	X̶ X̶

각각의 중심 가지는 우리가 자동차 목록에서 외운 개념들을 보여주고 있음을 알 수 있을 것이다. 이 마인드맵은 스티븐 커비의 책 전체의 핵심 내용을 요약한 것이다.

나는 이 마인드맵을 아이마인드맵(iMindMap) 소프트웨어로 만들었다. 마인드맵 컴퓨터 프로그램은 굉장히 많지만, 아이마인드맵만큼 유연하고 쓰기 편한 것도 없다. 직접 써보면 이 사고 도구로 당신이 얼마나 많은 것을 이룰 수 있는지 깜짝 놀라게 될 것이다.

14장
일상 속 기억 체계 활용법

"성공은 마술적인 것도,
신비로운 것도 아니다.
성공은 기본 원칙을 계속해서 적용한
자연스러운 결과이다."

— 짐 론

이제 기억법의 원칙을 모두 배웠으니 어떤 정보든 쉽게 외울 수 있을 것이다. 정보를 더 창의적으로 이용하면 내용에 좀 더 깊게 관여할 수 있고 현실의 일부로 만들어 기억력을 향상시킬 수 있다. 이 장에서는 거의 모든 것을 기억하기 위해서 기억법을 조절하는 방법을 알려주려고 한다. 정보를 단어 하나하나로 기억하거나 발표문을 기억하는 법, 건성건성 보지 않는 법, 트럼프 카드 외우는 법, 그리고 당신이 공부하려 하는 모든 것을 외우는 법에 관한 짧은 지침을 알려줄 것이다.

1. 문자 정보를 단어 하나하나 외우기

"기억은…… 우리 모두가 항상 갖고 다니는
일기장이다."

— 오스카 와일드(Oscar Wilde)

이것은 내가 정보를 단어 하나하나까지 정확하게 외울 때 사용하는 방법이다. 이 방법을 연습하면 어떤 문자 정보든 쉽게 외울 수 있을 것이다. 인용문이나 시, 정의집, 종교 경전의 구절을 외울 때에도 이 방법을 사용할 수 있다.

정보를 글자 그대로 외우면 발표하거나 협상할 때, 회의할 때 도움이 된다. 또한 잘 저장하고 있다가 영감이 필요할 때 머릿속에서 정보를 꺼내서 볼 수도 있다. 시험을 볼 때 핵심 개념의 주요 정의를 떠올리는 데도 도움이 된다.

시를 외우고 암송하는 것도 당신의 정신을 훈련시키고 발표 능력을 향상시키는 훌륭한 방법이다. 많은 종교 경전은 구절을 가슴 깊이 간직하는 것이 중요하다고 이야기한다. 그래야만 그 교훈에 따라서 살 수 있기 때문이다.

여기서는 랄프 왈도 에머슨(Ralph Waldo Emerson)의 「무엇이 성공인가(Success)」라는 시를 사용할 것이다. 이 기억법의 첫 번째 원리는 나머지 본문을 기억하는 데 도움이 되는 핵심 단어들을 찾는 것이다. 내가 고른 핵심 단어들을 한번 살펴보라.

무엇이 성공인가

많이 그리고 **자주 웃는 것**
똑똑한 사람에게 존경을 받고
아이들에게서 사랑을 받는 것
정직한 비평가의 진가를 인정하고

거짓 친구의 배반을 참아내는 것

아름다움을 식별할 줄 알며

다른 사람에게서 장점을 발견하는 것

건강한 아이를 낳든

한 뙈기의 정원을 가꾸든

사회 환경을 개선하든

자기가 태어나기 전보다

세상을 조금이라도 살기 좋은 곳으로 만들어놓고 떠나는 것

자신이 한때 이곳에 살았음으로 해서

단 한 사람의 인생이라도 **행복해지는 것**

이것이 진정한 성공이다

핵심 단어를 찾았으면 다음 단계는 여기서 이미지를 만들어 이 책에서 배운 기억 체계 중 하나에 저장하는 것이다. **당신의 상상력이 펜이고 기억 체계는 종이와 같다는 것을 명심하라.** 여행이나 신체, 자동차 등 당신의 장기 기억에 이미 있는 어떤 것을 사용해도 좋다. 대통령 명단을 외울 때 한 것처럼 개념을 전부 다 연결시킬 수도 있다. 내가 먼저 시작해보겠다. 핵심 개념을 외우기 위해서 나무를 사용해보자. 왜 나무냐고? 나무는 나에게 성장을 상징하고,

또 당신의 장기 기억에 있을 것이기 때문이다.

뿌리가 **웃고** 있고, **똑똑한 사람**(아인슈타인을 상상해도 좋다)이 나무 발치에 앉아 있는 모습을 상상하라. **아이들**이 나무 몸통을 껴안고 있고(아이들의 사랑), 가지에는 **비판**이 가득한 소쩍새(솔직한) 둥지가 있는 모습을 떠올려라. 앞부분의 핵심 단어 몇 개를 당신의 기억 체계에 연결했다는 걸 알 수 있을 것이다. 몇 번 반복하면 전부 다 저장할 수 있다.

원한다면 나머지 정보들을 잎, 가시, 열매 또는 나무가 있는 공원으로 이어서 연결시킬 수도 있다. 핵심 개념을 모두 저장했으면 내용을 몇 차례 다시 읽어봐야 한다. 핵심 단어들은 본문이 '더 오래 남게' 만들어줄 것이고 언어적 지식은 구문을 기억하기 쉽게 해줄 것이다. 내용을 생생하게 만들면 더 잘 기억할 수 있다!

세상을 떠난 나의 친구 크레이턴 카벨로(Creighton Carvello)는 어니스트 헤밍웨이(Ernest Hemingway)의 소설 『노인과 바다』를 단어 하나하나의 숫자적 위치까지 전부 다 외웠다. 예를 들어 8쪽 15번째 줄의 6번째 단어가 뭐냐고 물어보면 그는 바로 대답할 수 있었다. 그는 기계적 암기법 대신 내가 방금 가르쳐준 것과 비슷한 방법을 사용해서 외웠다.

인생의 다른 모든 것이 그러하듯 문자 정보를 쉽게 외우려면 약간의 연습이 필요하다. 이 방법을 완벽하게 익힌다면 업무나 생활에서 정확하게 외워야 하는 정보를 뭐든 기억할 수 있게 될 것이다. 배우들은 이 방법으로 대사를 줄줄 외운다. 정보를 제대로 이해하면 그 내용을 더욱 편안하게 받아들이고 거기에 따라 행동할 수도 있게 된다.

2. 외워서 발표하기

"인간의 뇌는 굉장한 기관이다.
당신이 태어나자마자부터 작동하기 시작해서
멈추지 않는다.
단, 당신이 일어서서 연설을 하기 직전까지만."
— 조지 제슬(George Jessel)

발표자가 종이나 화면으로 얼굴을 가리고 시종일관 읽어내리기만 하는 발표를 보면 재미있는가? 그렇지 않을 것이다. 당신은 발표하는 사람을 보고, 시선을 맞추고, 자유롭게 의사소통을 하고 싶을 것이다.

어떤 발표든 그 목적은 청중에게 내가 하는 말을 이

해시키고, 믿게 만들며, 그에 따라 행동하게 만드는 데에 있다. 발표자가 자신이 말할 내용을 기억하지 못하는데, 청중이 어떻게 그것을 기억하겠는가? 기억하지 못하면 그 내용을 믿지도, 거기에 따라 행동하지도 않을 것이다.

많은 사람이 대중 앞에서의 발표를 두려워한다. 두려움의 가장 큰 이유는 자료를 잊어버릴까 봐 무서워서일 것이다. 많은 사람이 이렇게 말한다. "머릿속이 하얘질 것 같아요." 당신이 이 책에서 이미 배운 기억법들이 해결책이 되어줄 것이다. 그 방법대로 연습하기만 하면 다시는 '하얘질' 일이 없다.

나는 벌써 15년째 전문 강사로 활동하고 있지만, 자료를 잊어버릴까 봐 무섭다는 생각을 단 한 번도 한 적이 없다. 강단에 설 때는 기억력 전략을 사용하며, 정보는 항상 그 자리에서 내가 소환하기만을 기다리고 있다. 또한 나는 다른 사람들이 말한 농담, 슬라이드, 조사 자료, 요점 등과 내가 준비한 내용 전부를 기억할 수 있다. 어떤 질문을 받든 되돌아가서 내 이야기를 확실하게 전달할 수 있다. 자료를 제대로 외우고 있으면 자신감이 생길 뿐 아니라 당신이 할 이야기에 대해서 잘 아는 것처럼 보인다. **발표의 힘은 기억력에 있다.**

여행·신체·자동차 기억법이나 집게법, 자신만의 이미지 그리기, 마인드맵 등의 기억법을 사용하면 잊어버리는 것에 대한 두려움을 없앨 수 있다. 발표 내용에 대한 주도권을 쥐고 통제하라. 메모 없이 발표를 하면 굉장히 전문가처럼 보일 것이다. 기억법을 이용해서 발표하는 것은 마치 자동 자막장치를 보고 읽는 것과 같다. 단어 하나하나까지 외울 필요는 없다. 전체적인 구성만 명확하게 기억하면 된다.

청중의 마음을 움직이지 못한다면 내용을 제대로 쓴 것이 아니다. 프리젠테이션을 좀 한다는 사람들은 청중이 발표문의 처음과 끝부분 약간만을 기억한다는 것을 알기 때문에, 도입부와 결론을 강력하고 인상적으로 만든다. 그들은 기억하기 쉬운 자료나 질문, 실제 사례, 인용문이나 의미 있는 이야기로 임팩트 있게 발표를 시작한다. 그리고 지속적으로 자료를 청중과 연결시키면서 깊은 인상을 주고, 핵심 포인트를 반복해서 전달한다. 다음의 'FLOOR' 원칙을 염두에 두고 발표문을 설계하라. 발표문에서 우리는 다음 것들을 기억하는 경향이 있다.

F - First Things(첫 내용)

L - Last Things(끝 내용)

O - Outstanding information(중요 정보)

O - Own links(자신과의 연결 고리)

R - Repeated information(반복되는 정보)

이 원칙을 사용하면 발표가 더욱 즐거워지고 청중에게 더 많은 것을 기억하게 할 수 있을 것이다.

머릿속에 명확한 구조가 세워지면, 청중의 마음을 움직이기가 더 쉬워진다. 또한 당신도 더욱 자신감 넘치고 힘 있는 발표자가 될 수 있을 것이다.

3. 멍한 정신

"물건이 없어진 거야,
네 정신이 다른 데 가 있는 거야?"
— 무명씨

이런 경험을 해본 적이 있는가? 방 안에 앉아서 '저녁에는 치킨을 먹어야지' 생각했는데, 부엌으로 나와서는 문득 '내가 여기서 뭘 하려고 했더라?' 하는 경우 말이다. 심지어는 냉장고가 답을 알려주기를 바라면서 냉장고 문을 열었을지도 모른다. 아니면 일을 보고 돌아와서는 차를 어디에 주차해놨는지 찾지 못했던 적이 있는가? 약이나 비타민을 오늘 챙겨 먹었는지 기억이 안 나 고민했던 적은 없는가? 또는 자동차 열쇠를 어디 놔뒀는지 못 찾아서 짜증이 나곤 하지는 않는가?

한 번이라도 이런 일을 겪은 적이 있다면, 당신은 정상이다. 그렇다, 정상이다! 이런 일은 누구에게든 일어난다. 익숙한 행동은 쉽게 잊히기 때문이다. 우리의 모든 일과는 때로 '자동 조종' 상태로 이루어지기에 자신이 하는 일을 인식하지 못할 때가 있다. 좋은 소식은 하루 중 95%는 당신이 멍한 상태가 아니라는 것이다. 차 열쇠를 어디에 놔뒀는지 기억하고, 주차한 차를 다시 찾을 수 있으며, 냉장고에 바지를 집어넣지도 않는다. 하지만 우리는 5%의 경우에 저지르는 실수를 가지고 자신을 '타박'한다. 멍한 순간만을 자꾸 떠올리면 그런 멍한 상태가 더 잦아질 뿐이다. **당신의 기억력이 일을 똑바로 하는 순간을 알아채면 점차 자신이 나아지는 것을 깨닫게 될 것이다.**

사람들은 자신이 잊어버린 것을 다시 떠올리려 노력

하느라 연간 대략 40일 정도를 허비한다고 한다. 휴대전화, 인터넷, 라디오, 텔레비전에서 계속해서 쏟아지는 정보를 처리하는 데 골몰하느라 점점 더 멍한 상태가 되어간다. 온 갖 기술과 시스템 덕택에 더 편안해져야 하는데, 실은 그 어 느 때보다도 바쁘게, 더 많은 스트레스 속에서 살아가는 듯 하다. 그 결과 우리는 종종 물건을 엉뚱한 곳에 놔두고 사 람들의 이름을 잊어버린다.

우리는 열심히 움직인다는 환상 속에 살면서 계속해 서 머릿속에 '바쁨'을 채워 넣는다. 그러니 멍해지는 것도 놀랄 일이 아니다. 멍한 정신 때문이라는 핑계는 어떤 문제 도 해결해주지 않는다.

그러면 해결책은 뭘까? 차 열쇠 같은 물건을 놔둘 때 지금 이 순간으로 돌아와야 한다. 자신에게 이렇게 물어라. "다음에 이걸 언제 쓰지?" 아니면 이렇게 말하라. "난 지금 열쇠를 탁자 위에 놔두고 있어." 열쇠가 탁자 위에서 폭발 하는 것을 상상해도 좋다. 이 순간으로 정신을 되돌릴 만한 뭔가 새로운 행동을 하라. 인생에서 대부분의 일은 좀 더 책임감을 갖고 관심을 기울이면 해결된다.

4장에서 지금 여기에 있는 것에 대해 이미 이야기한 바 있다. 100여 가지 일을 한꺼번에 하려고 하는 대신에 하나의 일만 하기 시작하면 훨씬 더 집중할 수 있다. 오늘 당장 시작하라! 잡동사니를 치워라. 종이에 써봐도 좋다. 브루스 스털링(Bruce Sterling)은 이렇게 말했다. "혼돈은 게으름에 관해 이제껏 나온 중 가장 도발적인 핑계다." 시스템을 만들고 물건을 항상 놓아두는 장소를 정하면 엄청난 시간을 절약할 수 있다.

멍한 정신을 가지고 사람들의 관심을 끌려고 하는 행동은 그만둬라. 그런 게 아니라고 당신은 외치겠지만, 관심을 끌려는 것이 아니라면 왜 다른 사람들에게 이런 일에 대해서 자꾸 이야기하는가? 지금 현재로 정신을 되돌리고, 이 순간에 더 관심을 기울이기 위해 오늘 당장 행동하라.

4. 트럼프 카드 외우기

보통 사람들은 기억법 없이 운이 좋아야 30분 동안 카드 반 벌을 외운다. 그들은 생각을 붙잡고 있는 방법을 잘 모르기 때문에, 자신이 뭘 아는지도 잘 모른다. 내가 가르쳐주는 기억법을 사용하면 몇 분 안에 뒤섞어놓은 카드 한 벌을 전부 다 기억할 수 있다. 그 방법을 사용해서 나는 45초 안에 카드 한 벌을 다 외운다. 조금만 연습하면 당신도 나처럼 할 수 있을 것이다.

카드를 외우는 것은 정신적으로 많은 장점을 준다. 좋은 기억력 훈련법일 뿐 아니라 블랙잭이나 브리지 같은 카드 게임에서 유용하며, 당신의 기억력을 선보이는 훌륭한 시연이기도 하다.

이 책에서 배운 것이 있으니 이제 뭔가를 외우려면 생생하게 살려내야 한다는 것을 알 것이다. 그렇다면 카드에 어떻게 생생한 생명을 부여할 수 있을까? 우선은 각 카드에 그림을 만들어주어야 한다. 각 카드에는 각자의 성격이 있으니 그것을 구분해서 장기 기억 장소나 기억 체계에 넣으면 된다. 각 카드를 당신이 아는 사람과 연결시킬 수도 있고, 다이아몬드 카드는 유명인, 하트 카드는 가족, 스페이드 카드는 직장 동료, 클로버 카드는 친구들과 연결시키는 식으로 만들 수도 있다. 이것도 정리하는 한 가지 방법이다.

내가 사용할 기억 체계는 12장에서 배운 숫자 암호법을 알아야 한다. 카드 시스템은 숫자와 똑같은 방식으로 작동한다. 다만 이번에는 각 세트의 첫 번째 글자를 카드의 이름으로 할 것이다. 예를 들어 다이아몬드 3이면 다이아몬드의 ㄷ과 3 = ㅌ에 모음을 더해서 '다트'를 만든다. 다이아몬드 카드는 전부 다 ㄷ으로 시작하고, 하트는 ㅎ으로 시작

하는 식이다. 그리고 변환한 숫자를 카드 끝에 붙이기만 하
면 된다.

각 무늬에 맞는 이미지는 다음과 같다.

다이아몬드

A - 대구(에이스는 1이다)

2 - 다리

3 - 다트

4 - 도사

5 - 단도

6 - 두부

7 - 돼지

8 - 대화

9 - 대문

10 - 두유(10은 0이 된다)

J - 다이아몬드(잭은 항상 무늬의 이미지이다)

K - 다크(킹의 'ㅋ'를 사용해서)

Q - 대녀(여왕의 '여'를 사용해서)

하트

A - 화가

2 - 호리

3 - 화투

4 - 하산

5 - 호두

6 - 화보

7 - 호주

8 - 하하

9 - 하마

10 - 하인

J - 하트(잭은 항상 무늬의 이미지이다)

K - 하키(킹의 'ㅋ'를 사용해서)

Q - 당신의 마음 속에 있는 여왕(예: 다이애나 왕비)

스페이드

A - 사과

2 - 소라

3 - 스튜

4 - 산새

5 - 순대

6 - 선비

7 - 사자

8 - 산호

9 - 세모

10 - 시인

J - 스페이드(잭은 항상 무늬의 이미지이다)

K - 쇼크(킹의 'ㅋ'를 사용해서)

Q - 시녀(여왕의 '여'를 사용해서)

클로버

A - 크기

2 - 카레

3 - 카트

4 - 키스

5 - 카드

6 - 컵

7 - 퀴즈

8 - 카혼

9 - 카뮈

10 - 키위

J - 클로버(잭은 항상 무늬의 이미지이다)

K - 킹(클로버 킹의 'ㅋ'이 겹친다는 점을 이용해서)

Q - 퀸(클로버 퀸의 'ㅋ'이 겹친다는 점을 이용해서)

연습을 해보자. **킹**이 **도사**처럼 수염을 길게 기른 **하인**과 **화투**를 치는데, **돼지** 한 마리가 뛰어들어 훼방을 놓는다. 이 우스꽝스러운 이야기로 다섯 개의 카드를 외울 수 있다. 클로버 킹, 다이아몬드 4, 하트 10, 하트 3, 다이아몬드 7이다. 쉽지 않은가?

각 카드의 이미지를 만들고 나면 그것들을 잘 익혀둬야 한다. 카드를 보고 저절로 이미지가 떠오르려면 시간을 들여 연습해야 한다. 하지만 차츰 이것이 제2의 천성이 될 것이다.

뒤섞인 카드 한 벌 전체를 외우기 위해서는 52개 장소로의 여행을 만들어서 그 여정에 각각의 캐릭터를 저장하거나 카드를 한꺼번에 연결시켜야 한다. 이 방법은 눈속임이 아니다. 기억 법칙을 이용해서 잠재된 기억력을 최대한으로 사용하는 것이다.

트럼프 카드는 기억력의 헬스장이다. 연습하면 할수

록 기억력 전체가 더욱 향상된다. 기억력 기술을 연마하는 방법이기도 하다. 카드를 외우겠다고 이런 노력을 기울일 사람이 많지는 않겠지만, 그래도 최소한 어떻게 하는지는 알았을 것이다. 트럼프 카드 외우기는 기억력 문제를 해결하는 데 이 기억법들을 어떻게 적용할 수 있는지를 보여주는 또 다른 예이다.

5. 공부하기

"새로운 정보를 배워도 나중에 기억을
떠올릴 수 없다면 아무 소용이 없다.
기억력을 높여주는 것들이야말로
공부한 모든 것에 접근할 길을 넓혀준다."

— 의학박사 리처드 레스탁(Richard Restak)

기억력이 없으면 공부도 할 수 없다. 기억력을 증진시킬수록 공부를 더 잘할 수 있다. 어떤 분야든 꼭 외워야 하는 이론이 몇 가지 있다. 그 이론을 더 빨리 외우면 외울수록 정보를 익히는 데 더 많은 시간을 쓸 수 있게 된다. 대학 1학년과 2학년 수업 대다수가 거의 기억력에 의존하는 것들이다. 강력한 기억 체계를 갖고 있으면 어떤 분야를 공부하든 성공을 거둘 수 있다.

당신이 공부 분야에서 더 좋은 성적을 내려면 고려해야 하는 몇 가지가 있다. 첫째, 절대로 그저 시험을 잘 보기 위해서 공부하지 마라. 시험 성적은 잘 받았지만 2주 후면 뭘 배웠는지 다 잊어버린다면 공부의 목적이 뭔가? 공부는 목적지가 아니라 계속되는 여정이다.

내가 인터뷰했던 전 과목 A를 받은 학생들은 모두 공부하기 위한 준비를 하고 학습 계획을 세웠다. 그들은 늦은 밤까지 공부를 하는 법이 없었고, 시험 전에 스트레스를 받지도 않았다. 이미 힘든 일을 마쳤기 때문이다. 전 과목 F를 받은 학생들은 전날 밤에 에너지 음료를 과하게 마시고 시험 칠 때까지 공부한 게 남아 있기를 바라며 억지로 머릿속에 꽉꽉 집어넣었다. 그러니까 쪼개서 공부하고 시간을 들여 내용을 익혀라.

무언가를 공부하기 전에 강력한 'PIC(목적, 관심, 호기심)'를 꼭 가져라. 4장을 다시 보면서 PIC 원리를 상세하게 살피길 바란다. 당신의 비전에 따라 공부에 얼마나 많은 에너지를 쏟고 얼마나 열심히 할지가 결정된다.

공부할 때는 쉬는 시간을 갖는 것도 중요하다. 우리

의 정신은 일정 시간 동안만 집중할 수 있고, 그러고 나면 비생산적이 되고 권태로워지기 때문이다. 쉬었다가 돌아오면 기분도 상쾌해지고 더 짧은 시간에 더 많은 것을 할 수 있게 된다. 35분에서 40분마다 쉬는 시간을 두어 산책을 하거나 하고 있던 일을 멈추고 머리를 식혀라.

전체적으로 살펴보며 공부해야 하는 내용을 분석하라. 당신이 외워야 하는 모든 분야를 표시하라. 어떤 주제든 같은 개념이 계속해서 나오는 법이므로 핵심 개념의 이미지를 만들고 이미지 '단어 사전'을 만들라. 그렇게 해두면 이미 만든 정보의 이미지는 다시 찾을 필요가 없다. 그러고 나서 각 파트에 적용해 기억을 저장할 기억 체계를 만들어라. 기억 체계를 기록하고, 여러 번 다시 살펴보며 모든 내용이 머릿속에 들어갔는지 확인하라. 나는 강의 계획안 전체를 외우기 위해서 쇼핑센터를 사용하는 학생을 본 적이 있다. 이 책에서 가르쳐준 기억법을 이용하면 머릿속에 집어넣은 정보를 다시 꺼내지 못하는 경험은 하지 않게 될 것이다.

어떤 내용을 공부하든 이 방법들을 접목해 해결책을 찾고 정보가 '잘 남아 있게' 만들 수 있다. 나는 수천 명의 사람이 학교나 대학에서 공부하는 온갖 수업 내용을 외우는 것을 도와주었다. 의대생, 법대생, 조종사, 경찰, 간호사, 의약품 영업사원, 광부, 조류학자, 마케터, 기술자 등을 도왔다. 이 방법이 유용하지 않은 공부 분야는 하나도 없다. 이 기억법에는 한계가 없다. 한계가 있다면 당신이 징징거리며 댄 핑계와 지적질로 인해 생겼을 것이다. 어떤 사람들은 이렇게 말한다. "난 별로 창의적이지 않아서 그림을 만들지 못해요." 나는 이런 말을 들을 때마다 실은 "난 그런 노력을 기울이기엔 너무 게을러요."라고 해석한다. 한계를 믿겠다면 당신은 한계가 있는 삶밖에는 살 수 없다.

3부
지속적인 사용

"습관은 즉흥적인 말이나
아이디어, 이미지에서 시작된다.
그러다가 차츰차츰, 연습을 통해
가는 거미줄처럼 되었다가 우리의 삶을 얽어매거나
강화시키는 밧줄처럼 자라난다."

— 데니스 웨이틀리(Denis Waitley)

15장
자기 절제

"우리 모두 이기는 것을 좋아한다.
하지만 연습하는 걸 좋아하는 사람은
몇 명이나 될까?"

― 마크 스피츠(Mark Spitz, 1972년 뮌헨올림픽 7관왕)

절제력이 없는 세계 챔피언이란 절대로 존재하지 않는다. 보상은 언제나 노력과 직접적으로 비례한다. 성공하고 싶은 분야에서 능력을 키우기 위해서는 수년에 걸친 훈련이 필요할 때도 있다. 사람들은 "저 사람은 재능이 뛰어나."라고 말하면서, 그러기 위해 얼마나 그가 오랜 시간 훈련했는지까지는 살펴보려 하지 않는다. 이 책에서 배운 기술들을 완벽하게 익히고 싶다면, 혹은 무엇이든 마스터하고 싶다면 자기 절제를 할 줄 알아야 한다. **자제력이란 뭔가를 포기하는 것이 아니다. 자신의 기준을 높여 더 많은 것을 추구하고 얻으려는 의지이다.**

많은 사람은 인생에서 원하는 것들이 마법처럼 짠 하고 나타날 거라고 생각한다. 생각해보라. 사람들은 아름답고 건강한 치아를 원하지만 치실질하는 것을 귀찮아한다. 치실이 비싼가? 치실질을 하는 데에 시간이 많이 걸리는가? 하기가 어려운가? 전혀 그렇지 않다. 치실질 정도도 못 하면서 어떻게 삶의 특정 부분이 바뀌기를 기대한단 말인가? 대체 사람들은 왜 치실질을 하지 않는 걸까?

CNN닷컴에서 이런 기사를 읽은 적이 있다. "녹내장 환자의 약 59%가 안약 투약을 종종 빼먹곤 한다. 녹내장을 치료하지 않으면 실명할 수도 있는데 말이다." 안약을 쓰지 않으면 시력을 잃을 수 있는데도 왜 녹내장 환자들은 투약을 빼먹는 것일까?

> 사람들은 미래를 바꿀 만한 일을
> 전혀 하지 않으면서
> 앞으로가 지금보다는 나을 거라고 생각하고
> 아무것도 하지 않는다.

당신이 원하는 것은 무엇인가? 매일 하는 일은 무엇인가? 매일 하는 그 일이 원하는 방향으로 당신을 데려다주지 않는다면, 결코 원하는 것을 얻을 수 없을 것이다. 그것이 상식 아닌가?

당신의 목표가 물리적으로 불가능해서가 아니다. 그보다는 그것을 얻기 위한 자기 훈련이 부족하기 때문이다. 삶에서 보다 강력한 자제력을 갖기 위한 핵심 요소 4가지는 아래와 같다.

1. 비전을 세우라

내적 비전과 에너지는 연결되어 있다. 아침에 일어

나 오늘 일어날 수 있는 온갖 나쁜 일에만 집중한다면 당신의 에너지 수치는 낮아질 것이다. 아침에 일어나 온갖 흥미진진한 가능성을 떠올리고 당신이 이뤄낼 모든 근사한 일에 집중한다면 에너지 수치가 올라갈 것이다. 집중력이 향하는 곳으로 에너지가 흘러간다.

데이비드 캠벨(David Campbell)은 이렇게 말했다. "절제란 당신이 원하는 것을 떠올리는 행위이다." 뭔가를 해야 하는 이유가 많으면 많을수록 머릿속 영화가 더 잘 만들어지고, 그 일을 해낼 에너지도 더욱 늘어난다. 핑계는 많고 해야 할 이유가 적다면 자기 절제가 어려울 것이다. 해야 할 이유는 많고 핑계가 적다면 동기 부여가 잘될 것이고, 의욕도 높아진다. 늘 스스로에게 물어라. "나는 얼마만큼 그것을 원하는가?" 정말, 진정으로 원한다면 강력한 비전을 세우고 그것을 수행할 자제력도 끌어낼 수 있을 것이다.

2. 결단을 내리라

모든 변화는 당신이 진정으로 달라지겠다고 결심할 때만 일어난다. 그때는 다른 가능성을 염두에 두어서는 안 된다. 이것이 내가 앞으로 살아갈 방법이라고 다짐하라.

살면서 일어날 수 있는 모든 일에 대해 스케줄을 짜야 한다. 이것을 일상생활의 일부로 만들어라.

3. 감정에 귀 기울이지 마라

엘버트 허버드(Elbert Hubbard)는 이렇게 말했다. "자제력은 기분이 어떻든 간에 당신이 해야만 하는 일을, 해야만 하는 때에 하게 만드는 능력이다." 일을 시작해야 하는 때에 "내일 해도 돼."라고 말하면 머릿속에서 어떤 회로가 닫혀버리고 그 일을 하지 않고도 마음이 평화롭다. 왜냐하면 내일 해도 된다고 생각하기 때문이다. 문제는 내일도 똑같은 행동이 반복된다는 것이다. "별로 그 일을 하고 싶은 기분이 아니야."라고 말해도 역시나 회로가 닫혀버린다. 기분 내킬 때 하면 된다고 스스로 생각하게 만들기 때문이다. 이렇듯 통제할 수 없는 목소리와 이미지가 기분을 만든다. 감정을 통제하고 싶다면 머릿속에서 작동되는 이러한 이미지, 영화, 목소리를 통제하는 법을 익혀야 한다.

어떤 사람들은 이렇게 말한다. "내면의 목소리에 귀기울여야 해요. 그것이 나의 직감을 인도해주니까요." 붐비는 길에 트럭을 몰고 나가야 할지를 결정할 때, 중대 결심의 순간이나 무시무시한 외모의 남자와 승강기를 함께 타야 하나를 고민할 때는 직감이나 감정에 귀를 기울여라. 하지만 자제력을 발휘해야 하는 때에 이러한 감정은 당신의 앞을 가로막을 뿐이다. 치실질을 해야 할 때는 직감에 묻지 말고 그냥 하면 된다. 운동을 해야 할 때는 감정에 귀 기울이지 말고 그냥 하라. 윌리엄 제임스(William James)는 이렇게 말했다. "우리가 갈등하고 자꾸만 내적 토론을 벌일수록 결정을 재고하고 미루게 되며, 그러면 그 일을 하지 않을 가능성은 더 높아진다."

매일 기억력 훈련과 연습을 할 시간을 정하라. 그럴 마음이 들든, 들지 않든 말이다.

4. 매일 행동하라

무언가를 습관으로 만들고 싶다면 매일 그 일을 하는 것밖에는 방법이 없다. 기술을 새롭게 하고 싶다면 새 기술을 연마해야 한다. 꾸준한 훈련을 통해서만 이것을 기술로 변화시킬 수 있다. 내가 읽어본 대부분의 연구서에 따르면 새로운 습관을 키우는 데는 21일이 걸린다고 한다. 하지만 내 경험상은 그보다 더 오래 걸린다. 어떤 사람들은 21일만

지나면 그 후에는 뇌가 알아서 할 거라고 생각한다. 그래서 21일이 지난 후에는 뇌가 나머지를 해주기만 바라면서 그만둔다. 자기 절제를 통해 매일 스스로 결정을 내려야 한다. 자기 절제를 통해 매일 스스로 새롭게 시작해야 한다. 매일이 새로운 날이다. 이 기술을 평생토록 연습할 필요는 없다. 그저 오늘만 하라.

인생은 게으른 자에게 보상을 해주지 않는다. 일주일 동안 팔에 깁스를 하면 주요 근육 대부분이 힘을 잃게 된다. 당신의 뇌는 몸의 다른 부분처럼 피와 살로 이루어졌기 때문에 쓰면 쓸수록 발전하고, 쓰지 않으면 퇴보한다. **어떤 일을 능숙하게 하는 유일한 방법은 자기 절제뿐이다. 인생은 행동하는 자에게만 보상을 해준다는 것을 잊지 마라!**

16장
복습만이 살 길이다

"한번 배우고 통달한 것은 어떤 내용이든
정신적 자산으로 영원히 남아 있을 거라고 생각하는 것이
잘못되었다는 건 당신도 나만큼 잘 알 것이다."

— 브루노 퍼스트(Bruno Furst)

학교를 떠나고 대략 2년 후면 보통의 사람들은 3주치 내용밖에는 기억하지 못한다고 한다. 당신의 경우를 생각해보라. 모든 수학 공식을 아직도 다 기억하는가? 그 말은 12년이나 배웠지만 당신에게 남아 있는 건 3주치밖에 없다는 소리다. 오늘 시험을 통과한 보통 사람이라면 4주 후에는 같은 시험을 절대로 통과하지 못할 것이다. 마지막 시험이 그야말로 마지막이 되어버리는 것이다!

스피처의 실험을 통해 교과서 내용을 배운 보통 사람들(기억법은 배우지 않음)은 다음의 정도만을 기억한다는 사실이 밝혀졌다.

1일 후 : 54%
7일 후 : 35%
14일 후 : 21%
21일 후 : 19%
28일 후 : 18%

위의 내용은 보통의 학생들은 28일간의 방학이 지나면 공부한 내용의 18%밖에는 기억하지 못한다는 사실을 보여준다. 그 말은 교사나 강사들이 새로운 지식을 얹어줄 기반이 18%밖에는 되지 않는다는 뜻이다. 보통의 회사나 학생들은 28일이 지나면 사원 교육료의 82%를 잃거나 교과 내용의 82%를 잊는다. 복습을 하지 않으면 어떤 훈련이든 시간 낭비일 뿐이다!

많은 사람이 기억법을 이용해서 외운 정보는 절대로 잊지 않을 것처럼 생각한다. 기억법은 외우는 과정을 재미있고 더 효과적으로 만들며, 강력한 인상을 남긴다. 하지만 그 정보를 외우는 것과 이후에 머릿속에 보존하는 것은 전혀 다른 문제이다. 기억법은 기억을 중기 보관소에 빠르게 저장하는 것을 도와주지만, 정보가 머릿속에 남아 있게 만들기 위해서는 복습하고 되뇌어야 한다.

복습을 해야 하는 이유는 정보를 머릿속에 더욱 확고하게 보존하기 위해서이다. 기억이 저장되었다고 여길 수 있는 유일한 때는 그것을 떠올릴 수 있는 경우뿐이다. 기억은 은행과 같다. 더 많은 것을 넣으면 넣을수록 더욱 불어난다. 또한 복습은 더 많은 장기 기억을 만드는 방법이다.

기억법을 쓰지 않고 반복이나 기계적 암기만을 하는 것은 재미가 없다. 시간도 오래 걸리고 종종 공부하는 것에 염증을 느끼게 한다. 외우는 것은 즐거워야 한다. 게임 같아야 한다.

기억법을 사용해서 복습하면 별로 시간이 걸리지 않는다. 그저 정보에 대해 생각하고, 이미지를 강력하게 만들어 명확하게 볼 수 있도록 하는 과정일 뿐이다. 그런 다음 당신의 머릿속에 보존하고 싶은 정보를 그냥 다시 읊어보라.

일정 기간마다 복습을 하면 훨씬 잘 기억할 수 있다. 어떤 정보를 배우고 10분 후에 반복하면 최소 1시간 동안은 기억 속에 남아 있을 것이다. 첫 번째 복습은 항상 거꾸로 해야 한다. 이미지를 거꾸로 살피면 더욱 효과적으로 기억할 수 있다.

개념을 거꾸로 익히면 머릿속에 새로운 인상을 심을 수 있고 그러면 정보가 더욱 명확해진다. 이것이 기억을 더욱 강화해주는 역할을 한다. 이렇게 하고 난 다음 점차 복습하는 간격을 늘려가라. **1시간 뒤에 복습한 뒤, 1일 후, 3일 후, 7일 후, 14일 후, 21일 후, 28일 후, 2달 후, 3달 후에 복습하면 영원히 기억 속에 남을 것이다.** 처음 72시간 동안 지식은 더 깊고 강력한 기억 공간으로 이동한다. 여행 기억법을 사용한다면, 72시간 이후에 새로운 정보를 저장하기 위해 그 여정을 다시 사용할 수 있다. 하지만 영원히 저장하고 싶은 정보라면 이렇게 하기보다는 따로 여정이나 기억 체계를 할당해 종종 복습하는 것이 좋다.

복습은 인내를 요하지만, 이것은 머릿속에서 정보를 새롭게 유지해준다. 정보가 생생하게 살아 있도록 해주고, 정보를 일깨워 이미 저장한 정보에 더 많은 것들을 연결할 수 있게 해준다. 당신의 정신은 더 많은 것을 집어넣을수록 더 많이 보존할 수 있는 특성을 가진, 세상에서 유일무이한 컴퓨터이다.

공부를 하는 완벽한 방법은 공부 시간을 여러 번 갈라서 수많은 처음과 끝을 만들고, 정보를 눈에 띄게 만들며, 기억법을 이용해서 나만의 연결 고리를 만든 다음, 정신이 새로운 것을 배울 수 있는 상태로 유지되도록 이 정보들을 복습하는 것이다.

뭔가를 아무리 여러 번 외운다고 해도 자꾸만 잊어버린다면 또다시 처음부터 시작해야만 한다. 반복하는 기간을 점진적으로 길게 늘려가다 보면 정보를 더욱 강력하게 보관할 수 있게 되고, 기억하기도 쉬워질 것이다.

복습을 하면 당신이 기억하고 있는 것들을 더 많이 떠올릴 수 있게 된다. 그리고 그 정보들에 대해 생각함으로써 그 내용을 정말로 이해하게 된다. 이름을 기억할 때 이 정보를 이용하는 것은 중요하다. 복습을 해야만 정보를 제대로 기억할 수 있다. 정보를 자주 사용하면 복습이나 다름 없다. 정보를 사용하지 않으면 당장 불러낼 수 없게 잊어버리고 만다.

당신이 외운 것들이 도망치지 못하도록
정보들 위에 뚜껑을 덮는 느낌으로
복습의 힘을 이용하라.

우리는 능력을 키우는 유일한 방법이 능력 향상을 **가로막는** 것들을 제거하는 것임을 배웠다. 핑계 대기나 한계에 대한 믿음과 같이 정신을 가로막는 것을 제거하고, 한 가지 일에만 전념하는 법을 익혀 더 많은 것을 **기꺼이** 배울 수 있는 상태가 되었고, 그런 다음 상상력의 SEE 법칙을 통해서 **어떻게** 향상시키는지를 배웠다. 이야기 연결법, 미술 기억법, 신체 기억법 및 자동차 기억법, 여행 기억법, 집게법, 숫자 암호법, 이름 기억법과 같은 여러 기억법도 배웠다. 그 효과는 당신의 상상력과 절제력의 정도에 따라 달라질 수 있다. 그리고 이제 복습하는 방법에 대해서도 알게 되었다.

기억을 새롭게 하기 위해서는 복습해야 한다는 것을 잊지 마라.

끝은 시작의 밑거름이다

"인생에서 위대한 성공을 거두고 싶다면,
우선은 위대한 씨앗을 뿌려야 한다는 것을 기억하라."

— 데니스 웨이틀리

당신은 모든 기억의 원천이고 **기억한다는 것은 선택이다!** 기억력 향상에 있어서 마법 같은 것은 없다. 오로지 관리만이 있을 뿐이다.

기억 기술은 자기 계발의 창고에서 아주 중요한 도구이다. 나는 당신에게 많은 도구를 주었지만, **배터리는 포함되어 있지 않다**는 것을 명심하라. 이것을 작동시키기 위한 에너지는 당신이 공급해야 한다. 그렇게 얻은 정보는 당신의 인생을 더 나은 것으로 바꾸어줄 것이다. 그러니까 사용하라! 기억력 훈련은 정보를 더 확실하게 만들어줄 것이고, 확실함은 자신감을 키워주어 당신의 놀라운 능력을 맛보게 해줄 것이다.

브라이스 마든(Brice Marden)은 이렇게 말했다. "생각 훈련의 가능성은 무궁무진하고 그 결과는 영원하지만, 도움이 되는 방향으로 생각을 집중하는 고통을 감수하는 사람은 거의 없고 대신 다들 운에 맡기려고 한다."

오늘 당신에게는 두 가지 선택지가 있다. 첫 번째 선택지는 모든 것을 운에 맡기고 항상 하던 대로 하는 것이다. 대신에 그러면 항상 얻던 결과만을 얻게 될 것이다. 아니면 고통을 감수하고 오늘 당장 두 번째 선택지로 가서 달라지기 위해 다른 행동을 하는 방법도 있다. 이 기억 도구

들을 자신의 것으로 만들고 열심히 연습해 기억력의 힘을
해방시켜라.

"기억할 가치가 있는 것들은 절대로 잊지 말고,
잊어버리는 편이 나은 것들은
절대 기억하지 말지어다."

— 아일랜드의 축사

참고문헌

1. Buzan, T. 1995. *Use Your Memory*. London: BBC books.
   (토니 부잔, 『마인드맵 암기법』, 권봉중 옮김, 비즈니스맵, 2010)

2. Buzan, T. 1995. *Use Your Head*. London: BBC books.
   (토니 부잔, 『마인드맵 두뇌사용법』, 권봉중 옮김, 비즈니스맵, 2010)

3. Buzan, T. 2001. *Head First*. London: Thorsons.

4. Baddeley, A, Eysenck, M. W, Anderson, M. C. 2009. *Memory*.
   USA: Psychology Press.

5. Covey, S. 1989. T*he Seven Habits of Highly Effective People:*
   Powerful Lessons in Personal Change. Britain: Simon & Schuster Ltd.
   (스티븐 커비, 『성공하는 사람들의 7가지 습관』, 김경섭 옮김, 김영사, 2003)

6. Lorayne, H. 1992. *Improve Exam Results In 30 days*. London: Thorsons.

7. Luria, A. R. 1998. *The Mind of the Mnemonist*. London: Harvard
   University Press.

8. Maxwell, J. C. 2004. *Today Matters: 12 Daily Practices to*
   Guarantee Tomorrow's Success. USA: Time Warner Book Group.
   (존 맥스웰, 『오늘을 사는 원칙』, 이진원 옮김, 청림출판, 2004)

9. Robbins, A. 1992. *Awaken The Giant Within*. London: Simon &
   Schuster Ltd. (앤서니 라빈스, 『네 안에 잠든 거인을 깨워라』,
   씨앗을뿌리는사람, 2002)

10. Worthen, J and Reed Hunt, R. 2011. *Mnemonology: Mnemonics for the 21st Century*. USA: Psychology Press. (제임스 워던·R. 리드 헌트, 『니모놀로지』, 학지사, 2014)

11. Medina, J. 2008. *Brain Rules: 12 Principles for Surviving and Thriving at Work, Home, and School*. USA: Pear Press. (존 메디나, 『브레인 룰스』, 서영조 옮김, 프런티어, 2009)

12. Lorayne, H. 1957. *How To Develop A Superpower Memory*. New York: Frederick Fell.

13. Higbee, K. 2001. *Your Memory: How It Works and How to Improve It*. Da Capo Press; 2nd edition.

14. Price, I. 2011. *The Activity Illusion*. Matador.

15. Katie, B. 2008. *Loving What Is: How Four Questions Can Change Your Life*. Ebury Digital. (바이런 케이티, 『네 가지 질문』, 김윤 옮김, 침묵의향기, 2003)

16. Hall, M. 2013. *Movie Mind*. USA: L. Michael Hall.

17. Demartini, J. 2008. *The Riches Within: Your Seven Secret Treasures*. USA: Hay House, INC. (존 디마티니, 『시크릿 실천법』, 한수영 옮김, 길벗, 2009)

18. Gruneberg, M. 1987. *Linkword Language System – Italian*. UK: Corgi Books.

19. Furst, B. 1949. *Stop Forgetting*. USA: Greenberg.

20. Kandel, E. R. 2007. *In Search of Memory: The Emergence of New Science of Mind*. USA: W. W. Norton & Company. (에릭 R. 캔델, 『기억을 찾아서』, 전대호 옮김, 알에이치코리아, 2014)

찾아보기

ㄱ

ㄴ

ㄷ

ㄹ

ㅁ

ㅂ

ㅇ

ㅈ

ㅊ

ㅎ

A~Z